Pyramide

Teacher's Resource Book

AS

Brigitte Clarke and Ruth Wilkes

Longman

Edinburgh Gate
Harlow, Essex

Pearson Education Limited
Edinburgh Gate
Harlow
Essex
CM20 2JE
England and Associated Companies throughout the World

ISBN 0582 42707 X

First published 2000
Printed in Italy by G. Canale & C.S.p.A Borgano T. se – Turin

The Publisher's policy is to use paper manufactured from sustainable forests.

Acknowledgements
We are grateful to the following for permission to reproduce copyright material:
Yves Fosse for an extract from the article 'En quoi consistent les Restos du Coeur?' taken from *www.geocities.com*; Editions Gallimard for the poem 'Page d'ecriture' by Jacques Prevert from PAROLES © Editions Gallimard;
Jonas Monnier for an extract taken from *www.wandadoo.fr/monniercreation/ Rap-francais.htm*; The New York Times Syndicate for an extract from an article by Henri Haget in L'EXPRESS 25.2.99; Phosphore for an extract from the article 'Le secours catholique' taken from *www.fr.news.yahoo* and www.webdo.ch for an extract from *www.webdo.ch/cineweb/basquiat.html*.
We have been unable to trace the copyright holders of material from *services.worldnet/kirk/interviews-f.html* and *www.festival-avignon.com* and would appreciate any information which would enable us to do so.

Contents

Introduction

Pyramide is an exciting advanced French course broken into two stages:
AS – takes students through one year of study to AS level.
A2 – continues through the second year of study to A level.

Content

Each of six units deals with themes which are appropriate to the age and interests of learners and which are compatible with any AS French syllabus.

Objectives

Each unit has clear and attainable objectives which are printed both in the Teacher's Book at the beginning of each unit of the Student's Book.

Skills

All four skills are covered amply by the course and activities.
Much care has been made by the authors to ensure that students are gaining in terms of skills as well as in ability to tackle themes, and progressively demanding activities in all four skills provide a structure for this progression throughout the course.
Stratégie boxes give explicit help with developing the skills of a successful language learner.
ICT coverage is highlighted in the teachers' notes and useful web-sites are drawn to the teacher's attention in their version of the objectives grid.
In this first stage progression is at the heart of the course. Each unit has four clearly marked out stages:

Départ

The first five pages of each unit begin where students are post-GCSE both in terms of lexical and grammatical knowledge and in confidence in all four skill areas. There are materials and activities which even the weakest advanced level student should find accessible and which prepare for further progression.

Progression

The ten pages of core materials and activities aim to build on existing skills and knowledge and to provide a carefully structured route to greater linguistic knowledge and confidence. Students are led gradually towards greater independence and accuracy.

Révision

Two pages of tasks provide both teachers and students with a focus for revision and consolidation before assessing what has been learnt. A suggested mark-scheme is provided for this purpose.

Extra

Two pages of materials and tasks which provide for the needs of even the most able and confident student and which develop themes from the more concrete to the more abstract and allow for greater independence.

Differentiation

As well as the in-built differentiation of the course as highlighted above, opportunities for additional support for the less able student or further extension for the more able student are highlighted in the teachers' notes. Photocopiable worksheets also enhance the differentiation provided for by *Pyramide*.

Grammar

A systematic progression through grammatical structures appropriate to study at advanced level has been carefully mapped out in the course. Again, *Pyramide* begins with what is already familiar to students and re-introduces it gradually in each unit before extending skills and knowledge. So that students feel confident to apply newly learnt structure in their own work clear explanations of grammar points are given in English as they arise with integrated activities to practise the points before any independent production is expected. A grammar section in the back of the students' book and gives further assistance to students working on their own and the grammar worksheet with each unit provides for further explicit practice.

Worksheets

Photocopiable worksheets, with activities in all four skill areas, are included with the course and are provided at the end of each unit of the teachers' notes, along with a full commentary. The point at which the authors suggest introducing each worksheet is indicated in the main body of the teachers' manual. There are six worksheets for each unit as follows:

Départ

Provide further support and practice for less able or less experienced learners.

Progression a and Progression b

Extend the subject matter of the core materials, to provide useful independent study activities and to consolidate the language and structures of each unit.

Extra

Designed to further differentiate for the more able or confident learner and to introduce material from a greater range of sources, including literary sources.

Culture

Provide deeper cultural knowledge and understanding of the target language country.

Grammaire

Provide exercises which enable students to practise the grammar points covered in each unit.

The authors sincerely hope that both students and teachers will enjoy and gain enormously from using *Pyramide* and that the course will provide a base for rewarding, exciting and successful study of French.

Bon courage!   *Brigitte Clarke*
Ruth Wilkes

Chapitre 1: C'est la vie!

Pages	Thèmes	Grammaire	Compétences	Techniques	Recherche sur Internet
2–6 Départ	La journée d'une lycéenne La vie d'un jeune couple Les activités de tous les jours	Le présent Depuis + présent Les adjectifs possessifs Verbes réfléchis au présent	Elargir son vocabulaire Chercher un mot dans un dictionnaire monolingue Chercher un mot dans un dictionnaire bilingue Manipuler les verbes au présent Paraphraser Se servir des expressions récemment apprises	Informatique	Phosphore 24 heures dans la vie … www.phosphore.com
7–16 Progression	La vie d'un sportif Les habitudes et les différences culturelles Questions de santé La vie familiale Les difficultés de la vie en couple	La forme négative Les questions L'article Les quantités	Ecouter en détail Faire une interview Traduire en anglais Donner son opinion personnelle Rédiger une dissertation	Informatique Communication	
17–18 Révision	Vivre à l'étranger		Préparation à l'examen		
19–20 Extra	Décrire les activités de tous les jours en détail		Comprendre et réagir à un texte littéraire Former des questions plus compliquées Donner une explication	Communication	

Départ

Page 2

1 «Je m'appelle Caroline»

Exercise to re-introduce students to theme of daily life and routine.
Students listen and read the following text:

> Je m'appelle Caroline et je suis en première au lycée Jacques-Prévert à Guérande en Loire-Atlantique. En semaine je me lève à six heures.
>
> Je *prends* mon petit-déjeuner dans la cuisine. Je *bois* rapidement un verre de jus d'orange et je me lave puis je m'habille.
>
> Je *porte* des vêtements décontractés. On n'a pas d'uniforme. Je me maquille légèrement et je me brosse les dents.
>
> Je dois quitter la maison à sept heures trente pour *aller* à l'arrêt d'autobus où je *vois* souvent mes copines. On *parle* un peu en route et on arrive au lycée vers huit heures moins le quart.
>
> Les cours *commencent* à huit heures. J'aime la plupart de mes profs et j'aime les matières que je prépare pour le bac, surtout les langues et j'aimerais étudier l'anglais à la fac. Je fais de l'anglais depuis cinq ans déjà et j'aime beaucoup cela. Les cours *finissent* à dix-huit heures.
>
> Le week-end, je *me repose* au lit un peu et je *fais* ma toilette vers neuf heures. Souvent je dois chercher mes vêtements avant de m'habiller parce que ma sœur emprunte toujours mes affaires sans me demander la permission.
>
> Je m'entends mieux avec mon frère. Il a le même caractère que moi, mais notre sœur est très différente. Mon frère fait beaucoup de sport. Il fait partie d'une équipe de football qui s'entraîne tous les dimanches.
>
> Ma sœur préfère faire du cheval. Nos parents jouent au golf. De façon général, nous sommes une famille assez active.
>
> Je passe le dimanche à réviser pour le lycée. Je *commence* à *travailler* le matin et je ne m'interromps que pour *parler* au téléphone.
>
> Quelquefois en été je me promène en forêt près de chez moi. Je me couche assez tôt pour pouvoir me lever à six heures le lundi matin.'

a **Put the new verbs into ten categories according to meaning. Exercise to encourage enlarging range and variety of verbs used and to suggest a useful way of recording new vocabulary. Individual or with partners.**

Students create database for storage of new vocabulary.
More able students could be asked to find further examples using a mono-lingual dictionary

Solution
1 prendre   grignoter   goûter   manger
2 boire   avaler
3 porter   s'habiller
4 aller   se rendre à   pénétrer dans
   se diriger vers s'approcher de
5 voir   apercevoir   remarquer
6 parler   chuchoter   bavarder
7 se reposer   se coucher   dormir   sommeiller
   se décontracter
8 commencer   se mettre à
9 travailler   bosser   s'entraîner
10 finir   se terminer

b **Students re-read text replacing underlined words with suggestions from the new list.**
Less able students could be offered a narrowed-down list of possibilities.

2 A vous!

Students describe own typical day orally.
Encourage use of new language.
Less able students may find it easier to work on this exercise as a pair-work activity.

Grammaire

Page 3

The present tense
Notes on, examples of and exceptions to the rules of the present tense in French.
Refer students to grammar section on present tense p. 131 and to list of irregular verbs p. 137 for further help.

Exercice 1

Solution
1 range
2 remplissons
3 prennent
4 allons

Exercice 2
Students put the verbs in brackets into correct form.

Solution
1 vendez
2 est

3 achètent
4 veux
5 aimons
6 devez
7 a
8 sortons
9 fait
10 sont

More able students could invent ten similar sentences with the verb in the infinitive for a partner to work on.

Sentences could be translated once correct form of verb has been found.

Brief explanation of use of '**depuis**'.

Exercice 3
Students re-order the sentences in the Student's Book.

Solution
1   J'habite ici depuis un an.
2   Mes parents sont en vacances depuis deux semaines.
3   Le collège existe depuis vingt ans.
4   Je suis là depuis hier.
5   Depuis combien de temps apprends-tu le français?

Page 4

3 Salut! (la vie des stars!)

a   Students correct sentences which are all false.

Possible solution:
1   Sa femme se réveille plus tôt que Christophe.
2   Ils sortent de temps en temps.
3   En général il passe la journée au stade.
4   Christophe est un passionné de films d'action.
5   La famille prend le petit-déjeuner dans la cuisine.
6   Béatrice est très contente actuellement.
7   Béatrice voit souvent les autres femmes.
8   Elle a des inquiétudes pour l'avenir.

b   Jeu de rôles
Role play with suggested questions.

Stratégie!

Reminds students of some of the changes needed between first and third person writing / speaking. Refers briefly to possessive adjectives.

Possessive adjectives
Refer students at this point to p. 129 in the grammar section dealing with possessive adjectives in more detail.

Section 1 on Worksheet Grammaire 1 can be used here to check correct comprehension and usage.

4 Une page à vous!

Extended and open-ended writing activity to give students the opportunity to work on a person who interests them and to re-work some of the new language and grammatical points covered so far.

Page 5

5 Jean-Guillaume, danseur classique

Listening and reading text to extend the theme of daily routine.
Underlining highlights where spoken text is different from Student Book version.

Je m'appelle Jean-Guillaume. J'ai 25 ans, je suis premier danseur de ballet à l'opéra national de Paris. Voilà comment une journée typique se déroule.

A 10 heures je suis chez moi en proche banlieue parisienne, je viens <u>juste</u> de me lever. Quand je danse le soir, les <u>spectacles</u> se terminent souvent tard et je ne rentre guère chez moi avant une heure du matin.

A 11 heures j'accède à l'Opéra Garnier par une porte discrète. Au troisième étage, j'entre dans la petite loge que je partage avec un autre danseur.

A 11 heures 30 j'enfile mes chaussons de danse et rejoint la salle de répétition pour <u>pratiquer</u> un peu. En tant que sportif <u>professionel</u>, je dois travailler et travailler encore pour entretenir mon physique et améliorer mon niveau technique.

A 13 heures 30 il y a une petite pause, les répétitions commencent pour de bon, sous l'autorité d'un maître de ballet. Il s'agit maintenant de travail chorégraphique.

A 16 heures les répétitions sont <u>finies</u> pour la journée. Après une douche, je prends mon <u>déjeuner. Nos horaires sont un peu tardifs.</u> Il n'y a rien de pire que de danser le ventre plein. <u>Je dors un peu après</u> le repas.

A 21 heures je quitte ma loge et je prends le métro pour me rendre à l'Opéra Bastille. En coulisse, j'enfile calmement mon costume. Il faut une demi-heure à la maquilleuse pour fixer une perruque sur la tête des danseurs. Je m'échauffe une dernière fois et j'entre en scène. La concentration est totale.

> A 23 heures derniers saluts au public enthousiaste et le spectacle est fini. La pression aussi. Je me décontracte, me change et je rentre chez moi. Impossible de dormir avant plusieurs heures. L'adrénaline est toujours là.'

a **Students copy list and find definitions with suggested time limit. Time limit could be varied to suit more or less able students. Discussion of grammatical abbreviations as found in the dictionary.**

Solution

français	anglais
améliorer (vb)	to improve
plein (adj)	full
s'échauffer (vb)	to warm up
décalé (adj)	out of line
partager (vb)	to share
pire (adj)	worse
la répétition (nom. f)	rehearsal
à peine (adv)	hardly / barely / only just
la perruque (nom. f)	wig
ne … guère (adv)	hardly (any)
le niveau (nom. m)	level
il s'agit de … (expr)	it's about / it concerns / it's a question of

b **Students fill in the gaps using a word from the list which they may have to alter in form.**

Solution
1 s'échauffer
2 décalés
3 à peine
4 pire
5 il s'agit de
6 améliore
7 une perruque
8 niveau
9 la répétition
10 partage

c **Students identify differences between written and spoken texts.**

Solution

écrit (dans le livre)	parlé (sur la cassette)
à peine	juste
représentations	spectacles
s'entraîner	pratiquer
de haut niveau	professionel
terminées	finies
repas de midi	déjeuner
décalés	un peu tardifs
une bonne sieste suit le repas	je dors un peu après
le rideau tombe	le spectacle est fini

Suggested further writing activity:
Students invent a suitable title for each time of the day.

Exemple: 10 heures = Jean se lève tard.

Page 6

6 Michelle, infirmière

a **Students research vocabulary to prepare for working on the text.**

Solution

français	anglais
déposer	to deposit / leave / set down / drop off
des soins intensifs	intensive care
l'aîné	the oldest
claquer	to bang / slam
rompre	to break
décompresser	to relieve the tension
donner un coup de main	to lend a hand
franchir	to cross / go through
craquer	to give in
la sonnerie	the (alarm) bell
la tournée	round (medical)
les consignes	instructions
l'état	state
parfois	sometimes
raconter	tell / pass on
la relève	relief / change over
réveiller	to wake up
se diriger	to go towards / to make one's way
se reposer	to rest
se réveiller	to wake up

> 5h Michelle arrête la sonnerie du réveil. Elle se lève. L'aîné de ses enfants dort encore, mais il lui faut réveiller le plus petit. Pour lui comme pour elle, la journée commence à 6h 30, après l'avoir déposé à la crèche réservée au personnel de l'hôpital.
>
> 6h 45 Michelle franchit la porte du service orthopédique et, comme prévu sur le planning, se dirige vers la salle des urgences. Dans quelques jours, elle retournera dans le département des soins intensifs, dans celui des nourrissons, ou encore dans les salles septiques, où l'on traite les grosses infections. Changer de service permet de rompre la monotonie et de décompresser.
>
> 7h 30 L'heure de la première tournée dans les chambres. Elle cherche surtout à s'informer du moral de chacun de ses petits malades. «Les enfants ont des hauts et des bas, mais ils ne craquent jamais.»
>
> 8h 15 Les premiers soins commencent. C'est parfois difficile «quand on est infirmière, on doit savoir tout faire!», explique Michelle à quelques jeunes recrues. Ses gestes sont rapides, précis.

10h 30 C'est la tournée des médecins et des internes. Michelle les informe de l'état de santé des malades puis, à son tour, écoute, observe et questionne.

12h Les soins reprennent. Parfois, une mère veut s'occuper de son enfant. Michelle laisse faire, n'intervient que pour les soins spécifiques. «Lutter contre la maladie est un travail d'équipe.» dit Michelle.

12h 30 Michelle donne un coup de main aux aides-soignantes. Puis elle rejoint le bureau pour des formalités administratives. Parfois, elle prend le temps de déjeuner.

14h C'est l'heure de la relève. Michelle remplit son cahier de transmission, accueille ses collègues. Elle raconte à son tour les événements de la matinée et transmet les consignes.

15h Michelle claque la porte de son vestiaire et descend les escaliers jusqu'à la crèche pour chercher son fils. Et mesure sa chance. «Ce métier m'a beaucoup apporté mais m'a surtout appris à relativiser les choses.» Elle se repose un peu avant de reprendre le travail, cette fois-ci à la maison.

b **Students complete Michelle's daily diary.**

Solution possible:

5h 00   L'heure du réveil
6h 30   Son fils à la crèche
6h 45   Arrivée à l'hôpital
7h 30   La première tournée
8h 15   Les premiers soins
10h 30 – 12h 30   La tournées des médecins
12h 30   Administration / déjeuner
14h 00   La relève
15h 00   Retour à la maison

The Départ worksheet (on the theme of twins) could be introduced here to consolidate work on daily routine and plural forms of the present tense.

Grammaire

Reflexive verbs
Explanation and examples on forming and using reflexive verbs.

Exercice 1
Students re-order the sentences.

Solution
1 Nous nous réveillons à huit heures.
2 Je m'entends très bien avec lui.
3 On se connaît depuis longtemps.
4 Mon mari et moi nous levons toujours de bonne heure.
5 On dit que nous nous ressemblons.

Exercice 2
Students place a reflexive pronoun (if one is needed) when they see the symbol ★.

Solution
1 se / –
2 –/ se
3 m' / –
4 me / –
5 nous / –

More able students could be asked to complete a piece of more open-ended writing as follows:

«Décrivez la première heure dans la vie de chaque membre de votre famille.»

Jeannot le lapin
Section 2 of worksheet Grammaire 1 could be used here to extend knowledge of and confidence with reflexive verbs.

WORSHEET

Départ 1

Les jumeaux

Students read the text and answer questions. Tasks designed to focus on vocabulary of daily life and plural, present tense verb constructions (nous / ils / elles)

a **Students fill in the grid provided by extracting underlined phrases, deciding if they apply to Sonia, Sylvain or both and placing them in the correct column with the appropriate grammatical changes.**

Solution

Sylvain
1 Je joue au football.
2 Je suis beaucoup plus timide que ma sœur.
3 J'aime les vêtements décontractés.

Sonia
1 Je fais de la danse classique.
2 Je suis très enthousiaste pour les couleurs vives.
3 J'aime porter une robe.

Tous les deux
1 Nous aimons la même musique.
2 Nous ne sommes pas identiques.
3 Nous nous ressemblons en beaucoup de choses.
4 Nous aimons la lecture et la musique.
5 Nous avons beaucoup d'amis.
6 Nous jouons ensemble pendant la récréation.
7 Nous avons beaucoup d'activités en dehors de l'école.
8 Nous faisons de l'équitation.
9 Nous aimons nous lever plus tard.

b **Students prepare a written piece describing their tastes and daily activities with an imaginary twin brother or sister. They must first remind themselves of the 'nous' form of the verbs suggested.**
Less able students could be referred again to the grammar section on present tense verbs p. 131.

c **Students read what they have written to a partner who has to report back using largely the third person plural. Less able students could be referred to the present tense grammar section to ensure confidence and accuracy.**

Progression

Page 7

▌1 Christophe Dufour – un Français en Angleterre

Listening and reading text to extend student knowledge of 'daily life' theme whilst keeping with the characters introduced in the previous section.
Practises forms of verbs in the present tense and introduces use of 'venir de ...'. Refer students to the present tense grammar section on use of 'venir de ...' p. 132.

Je suis footballeur professionnel depuis longtemps. J'ai de la chance car mon père était entraîneur et il m'a beaucoup aidé à savoir comment m'échauffer pour un match et comment m'entraîner pour éviter les blessures graves. Pourtant je ne joue pas pour le moment car je me suis froissé un muscle dans l'aine! Comme tous les sportifs, je n'aime pas être joueur en réserve!

Je viens d'arriver ici et ça me plaît beaucoup. J'aurais pu aller jouer en Espagne et j'étais sur le point de le faire mais j'ai décidé de venir ici car j'aime la façon de jouer en Angleterre. On me considère comme un joueur très combatif et donc l'agressivité du jeu anglais me convient. Le jeu continental est trop lent à mon gré.

Ma femme s'appelle Béatrice et nous avons deux enfants qui s'appellent Philippe et Guillaume. Pour le moment ils restent en France mais nous sommes sur le point de nous retrouver ici comme je viens de trouver une maison à louer. J'espère qu'elle va le plaire.

Je ne parle que très peu l'angais. Je comprends beaucoup plus que je ne parle, mais je me débrouille plus ou moins bien pendant l'entraînement à mon club. Les autres joueurs eux ne parlent pas très bien français! Pendant les matchs on parle par gestes mais bavarder plus personnellement, je trouve ça assez difficile.

J'aime beaucoup l'ambiance des stades ici. Ils sont plus petits et donc plus intimes. On entend bien ce que disent les spectateurs. Nous jouons vraiment pour les spectateurs qui sont passionnés par le jeu.'

a **Students fill in the gaps indicated by numbers in the Student's Book.**

Solution

1 entraîneur	13 restent
2 m'échauffer	14 sur le point
3 m'entraîner	15 je viens de
4 éviter	16 parle
5 me	17 comprends
6 être	18 dire
7 arriver	19 joueurs
8 jouer	20 parlent
9 en Angleterre	21 bavarder
10 joueur	22 entend
11 anglais	23 disent
12 s'appellent	24 jouons

b **Students match questions and answers.**

Could be pre-typed and students use drop and drag to complete grid correctly.

Solution

Questions	Réponses
1	a
2	c
3	d
4	b
5	e

Grammaire

Questions
Explanation and examples of rules governing formation of questions in the present tense.

Exercice 1
Students add an interrogative to form a correct question:

Solution
1 comment
2 quelle
3 où / quand
4 qui
5 pourquoi

Exercice 2
Returning to the interview with Christophe, students think of a question which could have been asked each time they see the symbol ★.

Page 8

2 Christophe et Béatrice en Angleterre

Listening to further practice and extend knowledge around theme of daily life and to begin to focus on differences between French and English habits. Practises present tense verbs and question forms and introduces negatives.

- Oui, Allo!
- · Papa. Oui, c'est moi. Oui, très bien, et toi? Oui, je fais beaucoup de progrès en anglais.
- Ah, oui, les Anglais sont très faciles à vivre.
- Ils plaisantent beaucoup.
- Oui, ils aiment beaucoup rire. Ça me plaît beaucoup.
- Oui, en effet. Je commence à avoir l'habitude de conduire à gauche. C'est assez facile finalement.
- Oui, je dirais que les Anglais sont plus polis sur la route. Ils te laissent passer et tout. C'est très bien.
- On roule beaucoup moins vite ici.
- Ils ont tendance à se lever plus tard.
- Oui, ils se couchent plus tard aussi.
- On passe beacoup plus de bonnes émissions à la télé.
- Ah oui, le football devient de plus en plus populaire.
- Je m'entraîne une fois par semaine avec une équipe de jeunes.
- Les autres joueurs m'acceptent complètement.
- On dit que la nourriture anglaise n'est pas bonne mais …
- Je trouve que c'est une impression fausse.
- Non, au contraire on peut trouver de très bonnes choses à manger.
- Nous mangeons au restaurant tous les dimanches à midi.
- C'est-à dire qu'elle n'est pas si contente que moi, c'est certain.
- Mais je pense que Béatrice va s'y habituer.
- Oui, en effet. Je crois que je pourrais passer ma vie ici.
- Oui, d'accord, Papa. Dis bonjour à Maman. Oui, d'accord. Au revoir!

a Students fill in missing verbs in the text. Listening can then be done to check.
Less able students could be asked to listen through once first.

Solution
1 fais
2 sont
3 aiment
4 commence
5 laissent
6 roule
7 passe
8 devient
9 m'entraîne
10 m'acceptent
11 trouve
12 peut trouver
13 mangeons
14 est
15 va

b Students read and translate into English the 10 sentences which are extracted from a letter from Brigitte in reply to her friend Nicole's letter.

Solution
1 They speak too quickly.
2 Yes, that's what they say, but I don't understand their sense of humour.
3 It's better for him. He knows the other players.
4 I find driving on the left very difficult.
5 They eat very early. I find that a bit strange.
6 Yes, the English are obsessed by football. It's crazy!
7 I don't much like the food, I have to say.
8 I can't find any good cheese at all at the supermarket.
9 We like going to restaurants, but it's expensive.
10 Nicole, I swear that living abroad is too diffficult!

3 Une lettre à écrire

Students imagine and complete imaginary letter from Nicole to Brigitte. Encourages use of questions to find out what life in England is like.
Less able students could be given a supplementary list of useful phrases.

4 Jeu de rôles

Role-play activity in pairs.
Key skills – Communication.

Page 9

5 Travail de vocabulaire

Students create list of vocabulary useful to the topic of food and which progresses from GCSE by putting the suggested words under categories as shown. Have to find imposters.

 The information could be put onto a spreadsheet.

Solution
sain
les vitamines
la cellulose végétale
les légumes

pas sain
les graisses
la caféine
les additifs

verbes
grignoter
ajouter
avaler
bouillir
cuire
goûter
mâcher
mordre

autre
salé
l'apéritif
la cuillérée
l'assiette
le couvert
le plat
les hors d'œuvre
la cuisson
sucré

Imposteurs
l'antivol
le cuir
le furoncle
le hors-bord
les additions
les cafards

More able students could be asked to extend the lists using a bi-lingual dictionary.

Stratégie!

Students are reminded to consider which article should be used when talking about food and drink. Refer to more detailed explanation on articles and quantities Grammar Section p. 121.

6 Sondage

a Students practise forming questions by matching up beginnings and endings given to make nine questions a dietitian might ask a parent about children's eating habits.

Solution

1 g
2 a
3 h
4 b
5 i
6 d
7 f
8 c
9 e

b Students use questions and phrases given to prepare a role-play.

Stratégie!

Students are given advice to use 'en' to avoid repetition of nouns with 'du', 'de la', 'des' or 'de'. For more information on use of 'en', see p. 134.

7 Sain ou pas sain?

Listening based on everyday eating habits.

> **Karine**
> Le matin je prends une tartine et de la confiture … beaucoup de confiture, j'adore ça, avec un bol de chocolat chaud ou du café. Je ne mange plus rien jusqu'à la récréation et puis je m'achète une boîte de coca à la cantine et parfois je mange du chocolat … ça dépend. A midi je mange à la cantine mais je n'aime pas trop ce qu'on nous sert et souvent je ne prends que le dessert. J'aime les tartes à la fraises surtout. Une fois rentrée je suis souvent crevée et j'ai tendance à grignoter en faisant mes devoirs … encore du chocolat, une tartine ou deux, un fruit peut-être et je bois encore une boîte de coca … c'est ma drogue quand je veux me concentrer! Le soir je mange en famille et j'aide souvent ma mère à préparer le repas du soir. On sert plusieurs plats, mais je n'aime pas

tellement les légumes. Je ne suis pas trop, trop difficile mais quand j'ai le choix je suis plutôt sucrée que salée!

Sylvain
Moi, je viens de passer un an en Angleterre comme assistant dans un collège là-bas. Au début j'avais peur de ne pas trouver de bonnes choses à manger. La réputation des Anglais en matière de nourriture et qu'ils mangent le bœuf trop cuit, beaucoup de plats gras comme le 'fish and chips' et des sauces un peu dégoutantes comme la fameuse sauce à la menthe. Mais, il faut reconnaître que leur réputation est fausse. J'ai beaucoup aimé ce que j'ai mangé, surtout la cuisine indienne qui est très populaire, presque le plat national! Ce qui m'a beaucoup frappé au début était le grand nombre de gens qui avaient abondonné la viande, ou qui mangeaient très peu de viande, peut-être à cause de la maladie de la vache folle. Moi-même, j'ai commencé à préférer les plats végétariens et maintenant, je continue à suivre un régime végétarien en France. Donc, le matin je prends des céréales avec du lait demi-écrémé. Je prends une salade à midi et un plat végétarien le soir. Je mange du fromage et des œufs et j'adore tous les fruits, surtout les cérises que l'on cultive dans ma région. Je ne bois pas de café ni de thé. Je trouve que ça me donne mal à la tête et je préfère boire de l'eau minérale mais je craque pour le chocolat. J'en mange un peu tous les weekends! C'est ma faiblesse!

Laura
Je fais un régime! J'essaie toujours de perdre des kilos. Même si mes amis me disent que je ne suis pas grosse j'ai l'impression de l'être et ça me gène! Je fais beaucoup de sport et j'évite toutes les matières grasses. Donc, je ne mange jamais de fromage ou de crème et je limite ma consommation de viande au poulet. J'aime beaucoup le poisson et j'en mange souvent avec des légumes ou du riz. J'adore les pâtes à la sauce tomate et je ne prends jamais de dessert. Je mange à midi et le soir mais c'est rare que je mange le matin et ma mère me fait la tête! Elle pense que j'ai tort de ne pas prendre de petit-déjeuner mais j'ignore ses conseils! Je suis comme ça!

a Students to create a grid to present eating habits of each speaker.

Solution

Personne	Sain / pas sain	Justifications
1 Karine	pas très sain	Elle mange beaucoup de sucreries. Elle boit trop de coca. Elle ne mange pas assez de légumes.

| **2** | Sylvain | assez sain | Il mange beaucoup de fruits et de salade.
Il suit un régime largement végétarien.
Il ne boit ni thé ni café.
Il boit de l'eau minérale.
MAIS il a une faiblesse pour le chocolat. |
| **3** | Laura | assez sain | Elle mange du poisson et des légumes et des pâtes etc.
MAIS elle ne prend pas de petit-déjeuner et elle ne mange pas de produits laitiers. |

b Students prepare a presentation of 60 seconds to the group, using suggested phrases.

📄 Progression 1a can be introduced to extend work on food at this point.

Page 10

8 Pourquoi le végétarisme?

Section leading from food in general to the more abstract issue of vegetarianism. Text introduces the subject and students are encouraged to research vocabulary.

a True or false?

Solution
1 vrai
2 faux
3 vrai
4 faux
5 faux

Listening in which young people discuss vegetarianism from a personal point of view. Students take notes.

---

1 Jean-Luc
Je ne mange ni viande ni poisson depuis trois ans et je trouve que je suis plus en forme que jamais. Je suis un régime végétarien pour des raisons de santé.

Par exemple, un Américain court en moyenne un risque de 50% de mourir d'une crise cardiaque. Celui qui ne consomme pas de viande: 15%. Celui qui ne consomme ni viande, ni œufs, ni produits laitiers: 4%. C'est assez impressionnant!

---

2 Laure
Je suis très contre les mauvais-traitements envers les animaux. Le mythe selon lequel un animal ne ressent rien avant d'être tué perd de plus en plus de crédibilité. Les animaux sont souvent très perturbés en entendant d'autres hurler avant d'être abbatus. Tirés de force dans la salle d'abbatage ils paniquent en voyant d'autres animaux suspendus à des crochets et couverts de sang. Le choc électrique ou le clou dans la tête ne fonctionne pas toujours et il faut souvent achever l'animal à coups de couteau. Voilà pourquoi je ne mange jamais de viande.

3 Thierry
J'aime les animaux et j'essaie de faire de mon mieux pour protéger l'environnement. Eviter d'en manger trop, oui, je suis d'accord, mais m'en passer complètement, ça je ne pourrais pas.

4 Jérémy
A mon avis manger de la viande et du poisson est assez naturel pour les hommes et je n'aimerais pas essayer de ne manger que des produits végétaux, même si j'adore les légumes et les fruits et la salade.

5 Julie
Savez-vous que les Etats-Unis seuls importent près de 300 millions de livres de viande d'Amérique du Sud et d'Amérique centrale? Je pense que ces activités sont en général contrôlées par des multinationales. Les revenus de ces multinationales vont presque toujours aux actionnaires dans les pays occidentaux. Les végétariens comme moi adoptent ce mode de vie non seulement pour épargner la vie de nombreux animaux mais aussi pour leur éviter de subir de mauvais traitements.

b Students complete grid as shown.

Nom	**Oui / non**	**Raison de son choix**
1 Jean-Luc	oui	raisons de santé
2 Laure	oui	opposé au maltraitement des animaux / raisons éthiques et morales
3 Thierry	non	ne pourrais pas
4 Jérémy	non	assez naturel pour les hommes
5 Julie	oui	souci de l'environnement / raisons éthiques et morales

c Students match beginnings and endings of sentences.

Solution
1 b
2 a
3 c
4 e
5 d
6 f

9 Le végétarisme. Pour ou contre?

Students use suggestions given to produce a written piece on vegetarianism.

Page 11

10 Comment arrêter de fumer?

Texts presented as medical leaflet for giving up smoking to introduce the subject.
Students read, discuss and research vocabulary.

a Students match up French to English definitions.

Solution

1	j	**6**	d
2	i	**7**	c
3	a	**8**	e
4	b	**9**	g
5	h	**10**	f

b Students complete sentences chosing a or b.

Solution

1	b	**4**	b
2	a	**5**	a
3	b	**6**	b

11 Je fume depuis l'âge de 14 ans …

Three texts to develop the theme of smoking.
Students listen and decide which account belongs to which speaker mentioned.

Solution
A Michel (40 ans)   **B** Nicolas (17 ans)
C Marie (50 ans)

Texte A
Je m'appelle Michel et je fume depuis longtemps. Maintenant, je ne peux plus arrêter et je fume deux paquets par jour. J'ai pourtant tout essayé: les cigarettes aux plantes, les patchs, les médicaments mais rien ne marche et ça m'embête réellement. Au moindre effort je suis très éssoufflé et si je ne peux pas fumer, je suis énervé.

Texte B
Salut, je m'appelle Nicolas et moi, je fume depuis l'âge de 14 ans. J'aime ça et je ne crois pas les gens qui me disent que c'est mauvais pour la santé et que je pourrais en mourir. Je fume beaucoup et j'achète environ quatre paquets de cigarettes par semaine.

Texte C
Je fume depuis très longtemps. J'ai 50 ans et je m'appelle Marie. Au début je pensais que je pourrais m'arrêter facilement et que tout ce qu'on me disait à propos de la cigarette n'était pas vrai. Maintenant, je peux vous confirmer que tout était vrai. J'ai un cancer des poumons et je ne sais pas si je vais guérir. Si j'avais su que cela m'arriverais je n'aurais jamais commencé.

Page 12

12 Vous n'êtes pas seuls!

a Students replace words from the smokers' accounts on p. 11 choosing from suggested alternatives and without altering the meaning too much. They can then re-read the texts in pairs using the new phrases. Activity to develop breadth of vocabulary.

Solution
A
arrêter – cesser
rien ne marche – je ne réussis pas
m'embête – m'énerve
lorsque – quand
le moindre – un tout petit peu de

B
je fume – je suis fumeur
j'aime ça – ça me plaît
mauvais pour la santé – dangereux
par – chaque

C
longtemps – des années
facilement – sans problème
confirmer – dire
vrai – la vérité
commencé – décidé de fumer

b Survey to conduct with partner to practise reading on the subject of smoking.
Students then match beginnings and endings to arrive at six further questions which could be put to a smoker. They can then translate the questions into English.

Solution

1	a	combien de temps
2	c	trouvez
3	b	quelle
4	f	combien
5	d	fumez
6	e	fumez

1 How soon after the alarm goes off do you smoke your first cigarette?

2 Do you find it difficult not to smoke in forbidden areas?

3 Which cigarette do you find the most vital / difficult to do without?

4 How many cigarettes do you smoke per day?

5 Do you smoke more repeatedly during the first few hours after the alarm goes off than during the rest of the day?

6 Do you smoke even when an illness means that you have to stay in bed (fever, flu, sore throat …)?

13 Jeu de rôles

Pairwork activity to practise and consolidate language learnt on topic.

Progression 1b
To develop the theme of health, this worksheet (on the subject of the importance of sleep) could be introduced here.

Page 13

14 L'arrivée d'un autre bébé dans la famille

Reading text to introduce the idea of families in a way which diverts from the very familiar topic of GCSE.

a **Students answer comprehension questions in English.**
More able students **could be asked to invent some similar questions for their partner in French.**

Solution
1 Immediately
2 a Watching the cartoon where Pingu gets a sister
   b Explaining the situation and the role he would have
3 Told him the name of the baby
4 a Going on roundabouts / fairground rides
   b Going to McDonalds
5 Visit the hospital to see his new sister
6 Close and loving

b **Vocabulary building exercise to prepare for this topic where students put phrases given under headings positive and negative.**

Solution
Positif
jouer ensemble
aimer
le bonheur
la joie
gentil (gentille)

avoir une pensée pour …
une complicité
nous pouvons lui faire confiance

Négatif
jaloux (jalouse)
sévères
monopoliser
on ne s'entend pas bien
ça m'énerve
cela me rend triste
l'atmosphère est bizarre
être inquiet

15 Une famille comme toute les familles!

Listening in which four people describe family relationships.

1
Je m'appelle Julien et j'ai 17 ans. J'ai une sœur de 15 ans qui s'appelle Isabelle et on ne s'entend pas très bien. Je n'aime pas ses manières. Elle monopolise tout le temps le téléphone pour appeler ses amies. Elle prend mes affaires sans me demander l'autorisation et quand je suis avec mes copains, elle vient toujours avec nous.

2
Je m'appelle Marie et j'ai 15 ans. J'aime mes parents et j'ai des relations très amicales avec eux. Avec ma mère nous allons souvent faire les magasins et nous choisissons des vêtements ensemble. C'est bien parce que je peux lui parler de tout. Mon père est aussi très gentil. Avec lui, je vais faire des tours de moto, on va au cinéma et à des concerts. Mes parents ne sont pas sévères et me laissent faire ce que je veux.

3
Salut! Je m'appelle Lucie et j'ai 16 ans. A la maison ce n'est pas toujours évident car mes parents se disputent souvent. Ca fait longtemps qu'ils sont mariés et pour eux ça fait trop longtemps. L'ambiance est bizarre. Ils se fâchent pour rien, se mettent à crier et ne sortent plus jamais ensemble. Tout cela me rend très triste et j'ai l'impression qu'ils ne m'aiment plus car ils ne s'occupent pas assez de moi et de mes problèmes. C'est comme si je n'existait pas!

4
Nous sommes les parents de Natacha. Nous sommes très inquiets lorsque notre fille sort avec ses amies. Elle a 17 ans et va souvent en boîte de nuit ou à des concerts. Elle rentre tard le soir ou va dormir chez quelqu'un. Nous aimons lui faire plaisir et ne refusons que très rarement. Nous pensons que nous pouvons lui faire confiance mais il y a autant des dangers pour les jeunes que nous nous inquiétons beaucoup quand elle n'est pas à la maison.

a Students find French for ten phrases given in English.

Stratégie!

Reassure students not to worry when they don't understand everything on the first hearing. Suggest being prepared to listen several times to the same material with frequent pauses.

Solution

Exemple: I don't like the things she does. =
Je n'aime pas ses manières.

1 talking to her friends = en parlant à ses amies
2 it's not always easy at home. = Ce n'est pas toujours évident à la maison.
3 They fall out over nothing. = Ils se fâchent pour rien.
4 I can talk to her about everything. = Je peux lui parler de tout.
5 without asking my permission = sans me demander l'autorisation
6 we like to make her happy. = Nous aimons lui faire plaisir.
7 We think we can trust her. = Nous pensons que nous pouvons lui faire confiance.
8 My parents aren't strict and let me do what I want. = Mes parents ne sont pas sévères et me laissent faire ce que je veux.
9 We don't get on well. = On ne s'entend pas très bien.
10 I have a very nice relationship with them. = J'ai des relations très amicales avec eux.

b Students re-use and adapt language covered to sum up (orally or in writing) the situation of each person.

Page 14

16 Tout commence en 1980 …

Text to introduce students to more extensive and demanding reading materials and to develop the theme of family relationships. This section could lead to some interesting discussion work on the themes of family relationships and the impact of divorce on children.

a Students complete sentences with a single word to arrive at a summary of the first part of the text.

Solution
1 maîtresse
2 week-ends
3 frère
4 père

5 voir
6 grave
7 frère
8 paternels
9 père
10 divorce

b Students re-order the sentences to arrive at a summary of the second part of the text.

Solution
8
6
2
3
1
4
7
5

More able students could be asked to summarise the content of the text orally in their own words.
Less able students could be asked to read out the summaries they have produced by working on the above exercises, adding link words and phrases to create a more fluent summary. Suggestions could be offered:
puis …
à ce moment-là
ce qui est étonnant c'est que …
ensuite …
maintenant
depuis
selon …
etc.

17 … et ma famille?

Written piece with suggested useful phrases to give an opportunity for students to use the language they have learnt and to draw on their personal experiences.

Page 15

Grammaire

Negatives
Explanations and examples of use and formation of the negative in French. Students could also be referred to p. 125 of the grammar notes which deals with this in more detail.

Exercice 1
Students choose a negative to complete each sentence.

Solution

1 ni … ni …

2 jamais / pas / plus

3 jamais

4 Personne

5 que

Exercice 2

Students invent own answers to questions using the negative phrase suggested.

Solution

1 Est-ce que vous aimez les maths? (ne … pas)
Non, je n'aime pas les maths.

2 Est-ce que vous préférez les maths ou les sciences? (ne … ni … ni …)
Je n'aime ni les maths ni les sciences.

3 Est-ce que les autres dans la classe aiment les maths? (personne … ne …)
Personne n'aime les maths.

4 Est-ce que vous parlez une langue étrangère? (ne … que …)
Je ne parle que le français.

5 Est-ce que vous voyez souvent vos amis? (ne … plus …)
Je ne vois plus (souvent) mes amis.

6 Buvez-vous du vin rouge? (ne … jamais …)
Je ne bois jamais de vin rouge.

7 Préférez-vous le vin blanc? (ne … ni … ni …)
Je n'aime ni le vin blanc ni le vin rouge.

8 Vous aimez une autre boisson alcoolisée? (ne … aucune …)
Je n'aime aucune boisson alcoolisée.

9 Est-ce que votre frère regarde souvent la télévision? (ne … jamais …)
Il ne regarde jamais la télévision.

Page 16

18 Olivier et Nathalie

Introduction to the theme of living together as a couple.
Listening piece to develop skills in paraphrasing and to take the theme further.

Nathalie:	J'en ai marre, Olivier. Tu ne me comprends plus. J'ai l'impression qu'on ne fait jamais rien ensemble. Je suis jeune finalement et je ne vois presque plus mes amis.
Olivier:	Ce n'est pas à cause de moi que tu ne vois plus tes amis. Tu peux les voir quand tu veux. De toute façon tu es toujours au téléphone.

Nathalie:	Si, c'est à cause de toi. D'abord tu ne les aimes pas, ça c'est clair. Deuxièmement, tu passes ta vie à regarder la télé et même quand on sort tu veux toujours rentrer à onze heures du soir. Tu es pire que mon père!
Olivier:	Ta mère serait contente si ton père faisait ce que je fais pour aider à la maison. Je passe des heures à nettoyer, à faire la vaisselle et à cuisiner. Et, toi? Que fais-tu? Tu ne ranges même pas tes affaires dans la chambre.
Nathalie:	Oui, d'accord, mais tu as beaucoup moins de travail que moi. Je prépare des examens et pour réussir, il faut du temps et de la concentration, ce qui est difficile quand on vit avec quelqu'un qui joue de la guitarre sans cesse!
Olivier:	Ah, oui, je sais. Les heures que tu passes devant ton ordinateur, que tu laisses toujours allumé …
Nathalie:	Tu es radin, Olivier!
Olivier:	Tant mieux, vu les sommes énormes que tu es prête à dépenser, toi! Et les vêtements que tu achètes! Tu as vu ton armoire? Il n'y a plus de place dedans!
Nathalie:	Au moins je ne mets pas trois jours de suite le même T-shirt!
Olivier:	Au moins je repasse mes propres fringues!
Nathalie:	Je ne supporte plus cette discussion. Je sors!
Olivier:	Au revoir, chérie!

a **Students decide which of the couple says which of the phrases in the Student's Book.**

1 Olivier   **4** Nathalie
2 Nathalie   **5** Olivier
3 Nathalie

b **Following the examples given, students paraphrase the language they have heard to come up with a list of complaints for each of the couple.**

19 Que de plaintes!

a **Students put a verb into each sentence, practising the present tense in a new context and giving an introduction to negative phrases.**

Solution

1 dépense   **4** regarde
2 veut   **5** invite
3 voit / comprend

WORKSHEET

Progression 1a

Essentiel: le petit-déjeuner

Fits in with section on food and drink **Sain ou pas sain**? p. 9. Students read text on children and breakfast.

a **Find the equivalents of the phrases given in the text.**

Solution

1 épuisés	6 avaler
2 il faut	7 boudent
3 insuffisant	8 un laitage
4 se garder	9 brûlé
5 convivial	10 gaver

b **Add one word to complete the sentences based on the content of the text.**

Solution

1 prendre	4 équilibré / riche
2 difficiles	5 boire
3 ensemble / convivial	

Progression 1b

Dormez bien!

Introduces theme of sleep in context of health.

a **Students prepare them by filling in grid to produce 'sleep' glossary.**

Solution

français	anglais	français	anglais
le sommeil	sleep	rêver	to dream
le lit	bed	un rêve	a dream
l'oreiller	pillow	un cauchemar	a nightmare
la fatigue	tiredness	faire un	to have a
fatigué	tired	chauchemar	nightmare
ronfler	to snore	le cerveau	brain
dormir	to sleep	profond	deep
le repos	rest	la profondeur	depth
les paupières	eyelids	se réveiller	to wake up
		l'éveil	awakening

Students could be encouraged to add to the list using a bi-lingual dictionary or, *more able students*, a thesaurus.

b **Students listen to text and read summarising sentences, deciding who fits the phrases given.**

a Louise

Moi, je n'ai jamais eu de difficulté à m'endormir. Mais contraire, j'ai beaucoup de mal à me réveiller tôt le matin, même si je suis une personne qui dort neuf heures par nuit. Dès que je me pose ma tête sur mon oreiller, ça y est, je ressens une grande fatigue et je m'endors. Je ne sais pas si je rêve car je dors trop profondément mais ma mère me dis que je faisais des cauchemars quand j'étais petite.

b Hélène

Je dormais toujours très, très bien jusqu'à récemment quand mon mari a commencé à ronfler très fort! Il se couche toujours un peu plus tard que moi. Je me réveille un tout petit peu quand il vient dans la chambre mais je me rendors facilement. Il s'endort et il continue à dormir profondément jusqu'à une ou deux heures du matin sans bruit et puis ça commence et ça n'arrête pas! Je me réveille et je ne peux plus me rendormir. Il me dit d'aller me coucher dans la chambre d'amis mais je n'aime pas ça parce que, quand je suis seule au lit, je fais souvent des cauchemars.

c Yves

J'ai toujours beaucoup de difficulté à m'endormir. Je bouge beaucoup et je ne suis pas à l'aise dans mon lit. Ma femme me dit que je parle un peu quand je rêve et parfois je me réveille brusquement pendant la nuit. C'est très énervant pour elle. Je suis souvent fatigué pendant la journée et souvent je dois faire une petite sieste de trente minutes l'après-midi.

Solution

1 Louise	6 Le mari d'Hélène
2 Louise	7 La femme d'Yves
3 Hélène	8 Louise
4 Yves	9 Yves
5 Yves	10 Hélène

c **Students discuss with partner their own particular sleeping habits.**

b Qu'est-ce qu'il ou elle ne fait pas?
Now inventing their own language, students give a justification for the opinions given in the Student's Book.
Less able students could be given suggested beginnings of sentences.

20 Dissertation

Vivre heureusement ensemble. Est-ce possible?
Students are given structured advice on how to tackle the question given to produce an essay.

ICT Students should be encouraged to word process such lengthier pieces of work to better facilitate re-drafting.

Révision

Page 17

This section aims to revisit and give opportunities to test the language covered so far (in new contexts) in a style which begins to prepare them for exam-type tasks.

1 Une Anglaise en France

a Students listen to and read the text.
Before listening again, students fill in the 20 gaps in the Student's Book with words which fit both in meaning and in form. They can then listen again to check if they were right and to fill in any gaps they did not get the first time.

Je suis en France depuis maintenant cinq mois. Je viens d'appeler mes parents comme tous les vendredis soirs et je trouve ça toujours un peu difficile car ils me manquent et je crois que je leur manque aussi. J'aime assez mon travaille d'assistante d'anglais dans un lycée à Savenay, à côté de Nantes dans l'Ouest de la France.

Les élèves sont très gentils et ils m'invitent souvent chez eux, à recontrer la famille et manger des crêpes. J'en mange beaucoup depuis le début de mon séjour! Heureusement j'aime bien ça, mais j'ai peur de grossir! En effet la nourriture est très bonne et je suis en train d'apprendre à cuisiner à la française, ce qui n'est pas toujours très facile parce que j'ai une toute petite cuisine dans l'appartement que je partage avec une autre

assistante allemande. On s'entend bien dans l'ensemble mais parfois la musique qu'elle passe m'énerve.

Je trouve que le rythme français est beaucoup plus rude que le rythme anglais. En Angleterre, nous avons des «petites journées» alors qu'en France les journées scolaires sont plus longues. J'ai toujours du mal à me lever tôt le matin car en Angleterre je ne me lève normalement qu'à huit heures. Jamais avant huit heures de toute façon, et maintenant je dois me lever à six heures et demie pour avoir le temps de me laver, de m'habiller, me maquiller et de prendre mon petit-déjeuner avant de partir au lycée. Les élèves ont parfois neuf heures de cours par jour et ils doivent encore faire leurs devoirs pour le lendemain. Ils sont souvent très fatigués et je le comprends. Est-ce que c'est un système juste?

Mes collègues au lycée sont sympas mais, quand on mange ensemble à midi et qu'ils commencent à parler très vite entre eux j'ai toujours des difficultés à bien comprendre et surtout à participer à la conversation. Ils ne le font pas exprès mais je me sens un peu isolée. Pourtant, j'ai l'impression de progresser relativement rapidement en français, ce qui me fait plaisir. C'est en partie pour cela que je suis venue et je veux rentrer avec un niveau en français nettement plus élevé que celui que j'avais avant.

Quand je rentre le soir, je passe une heure à préparer mes cours et j'écris beaucoup de lettres à mes amis en Angleterre. Je prépare à manger pour moi et pour Birgit et nous discutons ensemble les événements de la journée. On regarde un peu la télé avant de nous coucher vers onze heures. Je dors bien mais je pense souvent à ma famille et à mes amis.

La vie, loin de mon pays, n'est pas facile mais c'est quand même une bonne expérience.

Solution
1 suis en France
2 viens d'appeler
3 ils me manquent
4 m'invitent
5 manger des crêpes
6 suis en train d'apprendre
7 je partage
8 On s'entend bien
9 m'énerve
10 nous avons
11 sont plus longues
12 à me réveiller
13 ne me lève normalement qu'à
14 je dois me lever
15 de me laver, de m'habiller, me maquiller et de prendre mon petit-déjeuner
16 ils doivent
17 Est-ce que c'est

18 quand on mange ensemble
19 bien comprendre
20 je me sens

(20 points)

b Students answer comprehension questions in English.

Solution
1 She telephones her parents
2 Putting on weight
3 A German assistant (Birgit)
4 Plays music she doesn't like
5 Length of school day / starting earlier, finishing later

(5 points)

c Students respond to comprehension questions in French.
1 Ils font leurs devoirs.
2 Ils se sentent très fatigués.
3 Elle ne comprend pas.
4 Elle est venue pour améliorer son niveau en français.
5 Elles discutent entre elles.

(5 points)

d Students select one word from the text to complete the sentences given.

Solution
1 depuis
2 passe
3 grossir
4 nourriture
5 niveau
6 me coucher
7 juste
8 l'impression
9 appelle
10 discuter

(5 points)

2 Interview!

**Oral task. Students conduct interview in pairs.
(10 points)**

Page 18

3 Dissertation

Students prepare an essay drawing on previous advice and language learnt. (40 points)

4 Laurent: ma vie comme …?

Text in which a young vet describes his work and a typical day in his life.

a Students decide which phrases are true or false and correct those which are false.

Solution
1 Vrai
2 Vrai
3 Faux. Il travaille dans un milieu rural / à la campagne
4 Faux. Le métier est très différent de ce qu'il avait imaginé.
5 Faux. Il a fait quelques années de remplacement.
6 Faux. Il travaille en France
7 Vrai
8 Faux. Il prend rarement son petit-déjeuner à la maison.
9 Faux. Son amie est végétarienne, mais pas Laurent.
10 Faux. Il s'endort en regardant la télévision, mais pas au lit.

(17 points = 1 for each correct vrai / faux + 1 for correction)

b Students select a or b as correct answer to questions.

Solution
1 b
2 a
3 b
4 b
5 b

(5 points)

c Students complete the sentences given with a single word to give a summary of the text.

Solution
1 étudier
2 campagne
3 remplacer
4 Afrique
5 métier

(5 points)

Extra

Page 19

1 Bonjour Tristesse

Texts and tasks to introduce students to literary style.
More able students could be encouraged to begin to read the text of *Bonjour Tristesse* in its entirety. Brief details of the author and the novel.

Extrait 1
An extract from the novel.

a   Students translate sentences into English.

Solution
1   We talk about our conquests
2   I know (very) well …
3   Winter is reaching its end …
4   at dawn …
5   I greet it by name …

Extrait 2
A second extract from the novel.

b   Students decide if the précis phrases are true for extract 1 or extract 2.

Solution
1   1
2   2
3   2
4   2
5   2
6   1
7   2
8   2
9   1
10 1

c   Imaginative writing where students choose two characters from a novel and try to write the opening paragraph.

Less able students could attempt this task collectively.
More able students could now tackle the worksheet
Extra 1.

Page 20

2 Dis Papa … , dis Maman …

List of questions (words in wrong order) which young children commonly ask their parents

a   Students find the questions by re-ordering the words.
1   Pourquoi les gens parlent-ils des langues différentes?
2   Pourquoi a-t-on des yeux?
3   Comment fait-on les bébés?
4   Pourquoi on attrape le hoquet?
5   Pourquoi peuvent les mouches marcher au plafond?
6   Comment font les poissons pour respirer sous l'eau?
7   Comment fait-on les lignes sur le dentifrice?
8   Pourquoi que est-ce je me lave mieux les mains avec du savon?
9   Comment faisaient les Egyptiens pour construire des pyramides?
10 Pourquoi fait-on des cauchemars?

b   Translation of questions into English.

Solution
1   Why do people speak different languages?
2   Why do we have eyes?
3   How do people make babies? / How are babies made?
4   Why do we get hiccoughs?
5   Why can flies walk on the ceiling?
6   How do fish breathe under water?
7   How do they put the stripes in toothpaste?
8   Why do I wash my hands better with soap?
9   How did the Egyptians build the pyramids?
10 Why do we have nightmares?

3 Les réponses

Answers to four of the questions are recorded on the cassette.

Réponse A
L'homme a besoin vital de sommeil, c'est facile à vérifier! Durant cette période notre cerveau, comme d'ailleurs tout l'organisme, va récupérer des fatigues accumulées. Selon les individus la durée idéale du sommeil peut varier de 3 à 12 heures, même si c'est sa qualité qui compte et non sa durée.

Le sommeil est découpé en cinq stades selon sa profondeur. Ces cinq stades se répètent en cycle de 90 minutes jusqu'au réveil.

Durant la période proche de l'éveil, nos muscles ne réagissent plus aux stimulations du cerveau et nos globes oculaires redoublent d'activité.

Le rêve est une activité cérébrale incontrôlée qui correspond à une intense excitation des neurones. On peut alors parler d'un «orage cérébral». Le cerveau va de façon aléatoire mélanger et interpréter un ensemble de stimulis gardés en mémoire et souvent en rapport avec des événements survenus durant l'éveil. Il va ensuite générer les images et les sons qui composeront le rêve. On peut dire que le cerveau se passe un film et que nous sommes les spectateurs d'une séance privée.

Réponse B
Chaque être est programmé dans ses gènes pour vivre un certain temps. Dans le cas de l'homme, l'espérance de vie est d'environ 120 ans. Mais la réalité est toute autre. Une mauvaise gestion quotidienne de facteurs tels que l'alimentation, l'hygiène ou le stress participent au vieillissement prématuré de nos cellules. Les accidents, les maladies, la pollution, les guerres, les catastrophes naturelles et autres petits déboires viennent définitivement contrarier les belles statistiques.

MAIS NE DEPRIMONS PAS …

L'objectif n'est nullement de battre un record de longévité en devenant un ermite végétatif. Il s'agit plutôt de ne pas oublier que nous sommes tous les artisans du futur. En préparant aujourd'hui le monde de demain, chacun se doit en fonction de ses aptitudes de mériter le titre de «maillon de la vie».

Allez faire un tour devant le miroir. Et si vous ne vous trouvez pas une tête de maillon, alors là vous pouvez déprimer.

Réponse C

Parlons un peu d'abord du fonctionnement de la respiration chez l'Homme. Un tube, deux ballons et une pompe suffisent à nous faire respirer!

Notre pompe, appelée diaphragme, est le muscle qui va permettre aux ballons ou plutôt aux poumons de se remplir d'air ou de se vider. Le diaphragme est situé sous les poumons et appuie dessus en permanence, à cet instant les poumons sont vides. Lorsqu'il est contracté, le diaphragme s'éloigne des poumons, libère de la place et permet ainsi à l'air d'entrer. Reste le tube, appelé trachée artère, il amène l'air depuis la bouche ou le nez jusqu'aux poumons.

Il se met alors à gigoter, se contracte et appuie sur les poumons, vidant du même coup un peu d'air. Cet air remonte et fait vibrer au passage les cordes vocales qui émettent le célèbre petit son. Lorsque le diaphragme revient à l'état normal, il s'aperçoit que ça chatouille toujours, il se contracte et c'est reparti.

Tous les moyens sont bons pour l'arrêter. Ne plus respirer, boire avec une cuillère dans le verre, avaler sa salive, demander à un ami de nous faire peur ou de nous taper dans le dos.

Réponse D

Nombre d'individus, jeunes et parfois moins jeunes, considèrent que ce produit est à usage exclusif des mains. Grave erreur! Il peut aussi servir pour le reste du corps. La meilleure preuve est que certains enfants s'en servent pour le bout du nez.

C'est à partir de corps gras, d'origines animale ou végétale qu'on l'extrait. En effet, si l'on mélange une huile ou une graisse avec certains produits particuliers on obtient au bout de quelques temps une pâte compacte.

Si on y regarde de plus près, il est en fait composé de petits vermicelles agglutinés les uns aux autres. Chacun d'eux a une tête qui adore la graisse et une queue qui raffole de l'eau. Cette particularité leur permet, lorsqu'ils viennent à rencontrer une paire de mains sales, de plonger, tête en avant, dans les graisses et les saletés qui s'y trouvent.

Au fur et à mesure que l'on se frotte les mains, la mousse qui se forme facilite l'opération. Graisses et saletés sont soulevées et il ne reste qu'à éliminer tout ce petit monde par un passage des mains sous l'eau du robinet.

Résultat, il reste des mains propres, mais mouillées. Un séchage est maintenant indispensable, on évitera toutefois le pull-over, le pantalon ou tout autre tissu non prévu à cet effet.

a **Students copy list of body parts and tick those they hear. They then create a 'body' glossary.**

Solution

Ticked	Not ticked
la tête	les aisselles
le cerveau	les coudes
les mains	les mollets
les cellules	les ongles
le diaphragme	le menton
les poumons	
le nez	
la bouche	
les cordes vocales	
le dos	

b **Students complete partial transcripts in Student's Book.**

Solution

Réponse A
1 L'homme a besoin vital de sommeil, c'est facile à vérifier.
2 Le sommeil est découpé en cinq stades selon sa profondeur.
3 Durant la période proche de l'éveil, nos muscles ne réagissent plus aux stimulations du cerveau.

Réponse B
1 Dans le cas de l'homme, l'espérance de vie est d'environ 120 ans.
2 Les accidents, les maladies, la pollution, les guerres, les catastrophes naturelles et autres petits déboires viennent définitivement contrarier les belles statistiques.
3 Il s'agit plutôt de ne pas oublier que nous sommes tous les artisans du futur.

Réponse C
1 Le diaphragme est situé sous les poumons et appuie dessus en permanence.
2 Il se met alors à gigoter, se contracte et appuie sur les poumons, vidant du même coup un peu d'air.
3 Ne plus respirer, boire avec une cuillère dans le verre, avaler sa salive, demander à un ami de nous faire peur ou de nous taper dans le dos.

Réponse D

1 Il peut aussi servir pour le reste du corps.
2 Si on y regarde de plus près, il est en fait composé de petits vermicelles.
3 Un séchage est maintenant indispensable, on évitera toutefois le pull-over, le pantalon ou tout autre tissu non prévu à cet effet.

c **Students match responses completed to three of the original questions.**
N.B. Point out to students that *one* of the responses has no question.
Less able students could be asked to formulate a suitable question for this response (B)
More able students could be asked to write a brief answer to the other questions from the original list.

Solution

Réponse A = Question 10
Réponse B = No question (Pourquoi meurt-on? Combien d'années vit l'homme?)
Réponse C = Question 4
Réponse D = Question 8

4 Jeu de rôles

Students use the material from this section to invent an extended role-play between a parent and a child asking awkward questions about life.

WORKSHEET

Extra 1

La Jalousie

Reading material designed to interest and stretch particularly able students.
Brief description of the novel, *La Jalousie*, from which the extract is taken.
Extract focuses on commonplace activities, described in detail and in the present tense.

a **Students read the extract and put the simple sentences in the correct order according to the original.**

Solution

2 Elle entre dans la chambre.
3 Elle cherche dans le tiroir.
1 Elle lit la lettre.
5 Elle ferme le tiroir.
7 Elle s'assied à la table.
6 Elle prend une deuxième feuille de papier.
4 Elle commence à écrire.

b **Students decide which of the statements given could be evidence of her affair, choosing between certain / peut-être / pas du tout and justifying their answers. There is room for disagreement at the reporting back stage and this should be encouraged among the most able learners.**

c **Students imagine that they are watching the actions of another person in their role as private detective. They must record a report which gives a detailed description. This encourages able learners to re-use much of the vocabulary covered in the chapter and focuses on free use of the present tense whilst allowing for imagination and creativity and the independent use of reference materials.**

WORKSHEET

Culture 1

1 Le cinéma en France

a Students listen to text on cinema habits of the French and write a short sentence in answer to each of the four questions given.

> 'En France on va au cinéma de préférence le samedi soir et surtout le weekend. Même en semaine on préfère y aller le soir, ce qui est normal parce que le cinéma n'est que rarement une activité solitaire et c'est surtout le soir et le weekend qu'on se retrouve en famille ou avec son ou sa partenaire.
>
> Combien de fois par semaine? Et bien, là je peux vous donner quelques statistiques. Les sondages ont trouvé seulement 8% de spectateurs très enthousiastes qui y vont une fois par semaine ou plus. La clientèle qui voit régulièrement un à trois films par mois représente 29% mais la grande majorité de spectateurs, c'est-à-dire 63%, sont de spectateurs occasionnels et va au cinéma qu'une fois par mois.
>
> Je vous ai déjà dit que le cinéma est une activité plutôt collective. On y va la plupart du temps à deux ou en petit groupe. On a tendance à y aller sans les enfants quand ceux-ci ont moins de quinze ans.
>
> Aller au cinéma est surtout une activité de jeunes. Plus d'un spectateur sur deux a moins de 25 ans. Les gens qui habitent en ville y vont, bien sûr, beaucoup plus souvent que les spectateurs qui habitent à la campagne.'

b Students read the opinions on types of film and answer the questions with the name of the person concerned.

Solution
1 Frank
2 Fabienne
3 Damien
4 Eloïse
5 Sabrina
6 Danielle

Students could be encouraged to develop this work with their own ideas and research on cinema habits and film preferences in Britain.

2 Les Prix 'César'

Cultural background and anecdotes from the awards.
Students could be asked to give the year of the events read out by the teacher to practise giving dates and to translate the events into English to check comprehension.
The main aim of the activity is to generate research on some of the famous names of French cinema which can then lead to the presentation activity. Teachers with a particular interest in the cinema could take this opportunity to develop student knowledge here and, of course, to encourage students to begin watching French language films.

WORKSHEET

Grammaire 1

1 Possessive adjectives

Fits with Salut! (la vie des stars!) p. 4.

Exercice
Students choose correct possessive adjective.

Solution
1 mon
2 nos
3 vos
4 leur
5 sa
6 sa
7 ses
8 leurs

2 Reflexive verbs

Fits with section on reflexive verbs p. 6.

Jeannot le lapin fou
Students read and listen to the text.

a Fill in the blanks in the written text.

> Aujourd'hui Jeannot, le lapin fou, décide de prendre un bain. Il se déshabille. Il trouve sa serviette et son savon Christian Dior.
>
> Il entre dans l'eau … un pied, puis l'autre …
>
> *Elle est bonne.*
>
> Et il commence à se laver.
>
> *Je me lave les pieds, je me lave la tête. Je me ressers du savon. Il sent si bon. Je me repose dans l'eau.*
>
> Il se souvient qu'il aime lire quand il se baigne. Il lit son journal.
>
> Mais … Que se passe-t-il? Il oublie le temps, il s'endort, son journal tombe dans l'eau et il se réveille soudain la tête sous l'eau et son journal mouillé!
>
> Il décide de ne plus prendre de bains et de se contenter d'une douche!

Solution
1 décide
2 se déshabille
3 trouve
4 entre
5 commence
6 se laver
7 me lave
8 me lave
9 me ressers
10 sent
11 me repose
12 se souvient
13 aime
14 se baigne
15 lit
16 se passe
17 oublie
18 s'endort
19 tombe
20 se réveille
21 décide
21 prendre
23 se contenter

b Students write a second adventure for Jeannot, using the support given.

3 Negatives

Fits with work on negatives p.15.

Exercice
Complete sentences with a negative phrase and a suitable form of the verb given.

Solution
1 porte … jamais
2 voulons … nulle part
3 ai … aucun
4 monte … jamais
5 irai … plus … jamais

Chapitre 2: Vivent les loisirs!

Pages	Thèmes	Grammaire	Compétences	Techniques	Recherche sur Internet
22–26 Départ	Les loisirs des Français	Le passé composé: • les verbes construits avec avoir • les verbes construits avec être	Lire plus rapidement en s'aidant du contexte Améliorer son vocabulaire Exprimer des opinions Prendre des notes à l'écoute Résumez ce que l'on a entendu		www.yahoo.fr (Sports et loisirs) www.phosphore.com
27–36 Progression	Les sports en vogue Les sports de glisse Les deux roues Les problèmes: le dopage	Le passé composé: • la forme négative • la forme interrogative • les verbes pronominaux Le participe présent	Chercher des mots à sens multiple dans le dictionnaire Les synonymes Les familles de mots Exprimer des opinions: pour ou contre Parler plus longuement Exprimer ses opinions par écrit Planifier son travail écrit Ne pas laisser de fautes à l'écrit Ecrire une lettre		www.phosphore.com
37–38 Révision	Les sports nautiques Le dopage		Préparation à l'examen		www.media-awareness.ca
39–40 Extra	La télé La violence à la télé	Le passé composé	Les opinions		www.media-awareness.ca

Départ

Page 22

1 Les passe-temps

In the next few pages, students will have to use a lot of previously acquired language.

a **Students listen to three young people talking about their sport and take notes before recording a dialogue. Students could be told that there will be words and expressions they don't know but it should not prevent them from doing the exercises.**

> Moi je m'appelle Jean-François. Mon père faisait du cyclisme en amateur et j'ai eu mon premier vélo à cinq ans. En fait avant parce que j'ai commencé par avoir un tricycle à l'âge de trois ans. Puis un jour, pour mon anniversaire, quand j'ai eu douze ans, il m'a offert un VTT. Ça m'a tout de suite plu. Et depuis, c'est une vraie passion. J'en fais à peu près une heure et demie tous les jours.
>
> Je m'appelle Anne. J'ai chaussé mes premiers patins à roulettes à sept ans et depuis cet instant je ne les ai pratiquement jamais quittés! Devant mon enthousiasme, mes parents ont décidé de m'inscrire dans un club et maintenant, je fais de la compétition. Je m'entraîne environ deux heures par jour.
>
> Et moi c'est Jean-Claude. Je suis monté sur mes premières planches à trois ans et j'ai fait ma première compétition quand j'avais cinq ans. Dans les Alpes on vient au monde avec les skis aux pieds! Un de mes copains faisait du surf des neiges et un jour je suis allé avec lui et j'ai essayé. Et voilà depuis c'est le seul sport que je pratique. Je m'y suis mis à fond et je ne fais plus de ski. En comparaison, le ski me paraît ennuyeux.

b **Solution**
1 vrai **2** faux **3** faux **4** vrai **5** vrai **6** faux
7 vrai

Students could be asked to correct the wrong statements.

2 Conversations

For less able students: Once they have practised the dialogues thoroughly, they could be given the dialogues to help them with exercise 3.

1 e Comment t'appelles-tu?
   b Je m'appelle Jean-François.

   c Qui t'a offert ton premier VTT?
   j C'est mon père.
   g Tes parents faisaient du vélo?
   d Oui, mon père faisait du cyclisme en amateur.
   i A quel âge as-tu eu ton premier vélo?
   h A cinq ans.
   a Tu en fais souvent?
   f Environ une heure et demie tous les jours.
2 g Comment t'appelles-tu?
   b Je m'appelle Anne.
   a Tu avais quel âge quand tu as chaussé ta première paire de patins?
   f Sept ans.
   e Qui a eu l'idée de t'inscrire dans un club?
   d Mes parents.
   c Tu t'entaînes sérieusement?
   h Deux heures par jour.
3 e Tu t'appelles comment?
   h Je m'appelle Jean-Claude.
   c A quel âge as-tu commencé le ski?
   f Trois ans.
   a Et pour ta première compétition, tu avais quel âge?
   d J'avais cinq ans.
   g Qui t'a fait essayer le surf des neiges?
   b Un copain.

3 Mon sport préféré

Students make up their own dialogues.
Less able students: **They could use the framework of the book dialogues.**
More able students: **They could be asked to be more adventurous with the language.**

Page 23

4 Bonjour!

After extensive oral work on their favourite sport, students write about it. Students should be encouraged to use previously acquired language as well as new structures and vocabulary.

5 Les loisirs

Students should be encouraged to learn some of the new expressions given for expressing opinions.

6 Les loisirs des Français

a **Passage of a more difficult nature. Students should be told not to worry about detail as long as they understand the gist.**

Page 24

b Solution

   a a augmenté

   b siècle

   c accroissement, augmentation

   d s'est poursuivi

   e chaîne hi-fi

   f l'intérêt

   g plusieurs

   h entretenir

   i se perfectionner

c Solution

   1 faux (le temps libre a beaucoup augmenté) **2** vrai
   3 faux (les sports individuels sont plus populaires que
les sports collectifs) **4** faux (leur nombre s'est accru
ou il y a de plus en plus de nouveaux sports) **5** vrai

**d Students should be encouraged to look up any
verbs they don't know and open a new file on
reflexive verbs. 'Se lever' and 'se laver' are not the
only reflexive verbs!**

   Solution

Avoir	Etre	Verbes pronominaux
a augmenté	sont entrées	s'est poursuivi
ont progressé		s'est accru
a favorisé		
a poussé		
ont pris		
a remplacé		

7 Travail de vocabulaire

**Tell the students that learning synonyms will not
only improve their writing but also help them with
exams: exam questions tend to use synonyms
rather than words expressed in the text or
listening.**
Less able students: **Before attempting this
exercise, they could be given easier verbs which
they could do (with or without a dictionary) to
build up confidence.**

Exemples:
1 finir, terminer, conclure, arrêter, fixer
  Intrus: fixer
2 commencer, se mettre à, compenser, débuter
  Intrus: compenser
3 essayer, faire, expérimenter, tenter
  Intrus: faire

Students could also make up a similar exercise for
their partner.

Solution

   a réduire **b** se rendre compte **c** se rendre à
   d se détendre

8 Chez nous

**Listening exercise on leisure with comprehension
questions.**

> **Interviewer:** Et vous, Madame Honorat, comment
> ça se passe chez vous?
>
> **Madame Honorat:** Eh bien, chez nous, une
> grande partie de notre budget est réservé aux
> loisirs. Nous avons quatre enfants et ils ont tous
> un hobby. Marc, lui, c'est le canoë-kayak. Il adore
> prendre des risques. Sandrine, elle est moins
> remuante et elle préfère la marche. En fait, c'est
> elle qui nous coûte le moins cher. Jean-luc, lui, est
> assez casse-cou et il aime le vol libre. Quant à
> Claude, c'est le golf qui l'intéresse.
>
> **Interviewer:** Et vous, Madame Kirsch?
>
> **Madame Kirsch:** Moi, le sport m'est interdit. Je
> suis musicienne et je dépense beaucoup d'argent
> en audiovisuel. Chez moi, j'ai une chaîne hi-fi bien
> sûr et j'achète beaucoup de CD et de cassettes.
> Mon mari, lui, aime le sport mais n'en fait pas. Par
> contre, il en regarde beaucoup à la télé et en plus
> de chaînes comme TF1; nous avons aussi le cable
> et le satellite.

   Solution

b **a** 4

     b kayaking / walking / hang gliding / golf

     c No (forbidden activity)

     d Music

     e audio-visual: cassettes / CD / hi-fi

     f watches television

Page 25

Grammaire

This introduces the work on the perfect tense.
Less able students: **Before they attempt the
grammar exercise, they could be given a list of
familiar verbs in the present tense and told to
write them in the perfect tense.**
**e.g. je joue, tu finis, il regarde, elle arrive, on
choisit, nous faisons, vous marchez, ils partent,
elles attendent**

Exercice 1

Solution

1 j'ai appelé **2** on a décidé **3** elle est venue
4 nous avons commencé **5** nous sommes allées
6 nous avons rassemblé **7** nous sommes parties
8 nous avons vu **9** nous avons fait **10** Nathalie l'a
ramassé **11** nous l'avons amené **12** nous avons
attendu **13** le vétérinaire est arrivé **14** il a examiné

15 a déclaré **16** nous sommes reparties **17** le reste de la journée a été agréable

9 Les vacances et les loisirs

b **Solution**
1 faux **2** vrai **3** faux **4** vrai **5** faux **6** vrai **7** vrai

Students could be asked to correct the wrong sentences.

Page 26

10 Les loisirs contre le stress

Listening passage on young people's hobbies.

Un adulte: Je sais qu'avec l'école vous êtes assez occupé. Vous allez passer le bac dans moins de deux mois. Mais vous avez quand-même eu le temps de vous adonner à vos loisirs préférés pendant ces vacances?

Virginie: Moi, pendant la journée, j'ai beaucoup révisé. Donc je suis restée chez moi. Ma meilleure copine est venue réviser avec moi. Et le soir on a pas mal regardé la télé. Je dois dire que c'est notre passe-temps favori, à elle comme à moi. On est fana du petit écran. A mon avis, la télé est un bon anti-stresse. Elle m'a permis de me détendre, de décompresser. Il y en a qui pensent qu'on peut en devenir esclave. C'est peut-être vrai …

Un adulte: Et toi, Céline?

Céline: Moi, mes passe-temps … et bien, ça va faire huit mois que j'ai abandonné la télé. Il y a des émissions de plus en plus débiles. Donc maintenant je passe plus de temps sur l'Internet. Depuis que je suis connectée sur Internet, je n'en décroche plus. Pendant les vacances, j'ai passé mon temps à l'ordinateur. Je m'en suis beaucoup servi pour mes études, j'ai fait un exposé par exemple, mais aussi grâce à Internet je me suis fait des copains dans le monde entier. Je considère que c'est un outil indispensable.

Un adulte: Et toi, Manu, tu t'es diverti comment pendant ces vacances?

Manu: Moi je suis convaincu que les vacances sont faites pour la détente. Donc, j'en ai profité pour pratiquer mon sport favori: le surf des neiges ou snowboard. Je suis allé dans les Alpes où je me suis régalé. C'est un sport relativement nouveau qui a longtemps été marginal. Il est devenu très populaire dans les années quatre-vingts dix et a fait son apparition aux Jeux Olympiques de Nagano.

a **Solution**
1 c **2** i **3** f **4** g **5** h **6** d **7** b **8** a **9** e

b **Solution**
Céline: **Idées / Thèmes:** connecté à l'Internet
Détails: utile pour les études; s'est fait des copains
Manu: **Idées / Thèmes:** sport préféré: le surf des neiges
Détails: a passé les vacances dans les Alpes; snowboard: sport nouveau

Strategy box on listening and summarising: Students should go back to the stategy box every time they do a listening exercise or when they have to summarise a text or a listening passage. Tell students that they often have to summarise a passage for exams.
The first worksheet (a listening passage and a reading text about mountain bikes) could be done at that point.

11 Et vous, que faites-vous?

This finishes the basic work on the perfect tense and provides more practice on the vocabulary and grammar encountered so far.

Solution
a j'ai passé, je l'ai utilisé **b** j'ai regardé, est venue **c** il est devenu **d** m'a donné **e** j'ai commencé **f** je suis resté(e), j'ai révisé **g** elle est allée, elle a fait

Départ 2

This worksheet could be done after exercise 10 in the basic section.

Ecoute

Exercice 1

Journaliste: Vous vous appelez comment?

Céline: Céline Zanella.

Journaliste: Pardon?

Céline: Céline, CELINE, Zanella, ZANELLA.

Journaliste: Quel âge avez-vous?

Céline: 18 ans.

Journaliste: A 18 ans, vous êtes certainement l'un des meilleurs espoirs en VTT. Une progression régulière, beaucoup de travail … Si on devait trouver deux qualificatifs pour Céline, ce seraient: gentillesse et volonté farouche. Alors Céline, parlez-nous un peu de vous.

Céline: Pendant huit ans, je me suis passionnée pour l'équitation. Mais je souffrais un peu de l'atmosphère «guindée» de cette belle discipline. Et puis, un week-end, un peu par hasard, on m'a proposé de faire une balade en VTT. J'ai tout de suite été séduite par l'ambiance très sympa et conviviale de ce sport. Et ça s'est très vite transformé en virus. Dès les premières compétitions, j'ai pu prouver que j'avais un bon potentiel …

Aujourd'hui je partage mon temps entre mes études que je suis par correspondance et un entraînement très dur. J'ai de la chance de faire partie de l'équipe Peugeot. Une véritable équipe qui me donne les moyens de vivre pleinement ma passion du VTT. Chaque mois, je reçois un «plan

d'entraînement» qui m'indique pour chaque jour ce que je dois faire: deux à trois heures de VTT le matin, avec des objectifs à atteindre, et l'après-midi, des exercices de musculation et du footing. Je rends compte à mon entraîneur de mes progrès par fax et par téléphone, et ce quotidiennement. Un diététicien intervient également. Il compose mes menus en fonction de mon plan d'entraînement et de ma condition du moment.

Journaliste: Quelles sont vos ambitions actuellement?

Céline: Mon rêve – vivre professionnellement du sport, si possible dans le domaine du VTT.

Solution
balade travail rêve espoirs passion footing progression études séduite gentillesse équitation passionnée volonté

Exercice 2
Before answering the questions, students could revise the alphabet with names of sport: e.g.: parapente, planche à voile, escalade, ski nautique, rafting, surf des neiges, randonnée, etc …
Each student could choose a sport and spell it for other students.

Solution
Céline Zanella
18 ans
équitation et VTT
gentillesse et volonté farouche
ambiance très sympa et conviviale
devenir professionnelle; faire du VTT son métier

Exercice 3
Solution
1 sport   2 jeune   3 longue   4 fous
5 descendaient   6 trafiqués   7 équipés   8 chemin
9 cycle   10 fin   11 fabriquants   12 construire
13 goudronnées   14 parcourir   15 espaces
16 randonnées   17 progressé   18 spectaculaire

Progression

Page 27

1 Le snowboard

Students read and listen to an interview.

Journaliste: Alors, Serge, que penses-tu de ta dernière saison?

Serge: Je pense que c'était une bonne saison. Elle a bien commencé: bonne neige, forme super. Malheureusement à l'Alpe d'Huez j'ai rencontré notre ennemie principale, l'avalanche. J'étais en super forme mais l'accident a tout arrêté. Ça m'a fait prendre du recul et m'a permis de pratiquer de nouveaux sports comme la natation et le VTT.

Journaliste: Penses-tu participer à nouveau aux compétitions de Freeride? Quelle est ton attitude face aux risques?

Serge: Je ne sais pas encore. J'ai toujours aimé une belle et grosse montagne, avec une pente bien raide et de la bonne neige pour les sauts.

Journaliste: Cet hiver, dans le massif du Mont-Blanc, il y a eu pas mal d'accidents?

Serge: A plusieurs reprises, j'ai vraiment eu peur. Mais je me suis dit: «Personne n'est à l'abri. Même les meilleurs se sont blessés au moins une fois dans leur vie. La peur n'est pas mauvaise en soi, mais si on a trop peur il vaut mieux changer de sport.»

a Solution
1 a commencé 2 ai rencontré 3 a arrêté 4 a fait
5 a permis 6 ai aimé 7 a eu 8 ai eu
9 me suis dit 10 se sont blessés

b Solution
1 Que penses-tu de …?
2 Il m'a fait prendre du recul.
3 participer à
4 une pente raide
5 à plusieurs reprises
6 Il vaut mieux changer.

Less able students: If they find this exercise too demanding, they could be given the answers (not in order) and they could match them to their English equivalent.

2 Et maintenant à vous

Work on words with a different meaning. Extra work might be needed with weaker students or teachers might want to omit this exercise and tell students that dictionary examples and context are very helpful. Teachers might want to explain about transitive and intransitive verbs later on and do this exercise then.

Solution
1 a passé 2 sont passés 3 s'est passé 4 pris
5 participé 6 mis 7 mis 8 emmené

Page 28

3 Les sports de glisse

Reading text on winter sports with exercises. Before reading the text, students should be encouraged not to look up every single word but to get the gist.

a Solution
1 Les montagnards n'ont pas accepté.
2 Leur culture urbaine sous le bras.
3 Ils ont entrepris le même combat.
4 On est passé.

b Solution
1 c 2 f 3 d 4 b 5 e 6 a

Grammaire

This introduces work on the perfect tense in the negative.

Exercice 1

Solution
a Je ne suis pas allé. **b** Elle n'a jamais skié. **c** Ils n'ont rien vu. **d** Tu n'es pas resté. **e** Nous n'avons rien pris. **f** Elles n'ont pas passé d'excellentes vacances.

Page 29

4 Quel loisir?

This exercise introduces work on the perfect tense in questions. Three steps can be taken depending on the students' ability.

Step 1: Practise the dialogue as it is.
Step 2: Change some of the words: e.g. different sport / different people.
Step 3: Make up similar dialogues.

Grammaire

The perfect tense in questions

Exercice 1

Solution
a Pourquoi as-tu choisi de faire partie d'une équipe?
b As-tu toujours préféré le ski?
c Comment es-tu tombé?
d Qu'avez-vous trouvé de bien?
e A quel âge avez-vous su nager?
f A-t-il aimé?

Exercice 2
Choose the right question word.
A language laboratory would be ideal for this exercise. However, if it is not possible, the pause button could be used especially with less able students.

> **Stéphanie:** Qu'est-ce qui a changé dans les stations de ski?
>
> **Christophe:** Les pratiques de glisse ont beaucoup évolué et surtout se sont multipliées.
>
> **Stéphanie:** Le ski est-il mort face à la révolution du snowboard?
>
> **Christophe:** Le snowboard a pas mal fait bouger les choses mais le ski n'est pas mort. Il a retrouvé une certaine jeunesse. Le snowboard n'a pas remplacé le ski.
>
> **Stéphanie:** Quel est l'attrait du snowboard?
>
> **Christophe:** C'est moins monotone.
>
> **Stéphanie:** Pourquoi est-ce que vous avez abandonné le ski?
>
> **Christophe:** J'ai toujours préféré les sensations fortes.
>
> **Stéphanie:** Lequel de ces deux sports a le plus de licenciés?
>
> **Christophe:** C'est quand même le ski.

Solution
1 Qu'est-ce qui   **2** est-il   **3** Quel   **4** Pourquoi
5 Lequel

Page 30

5 Un autre sport de glisse: le roller

Reading text and exercises on this new sport. There is a certain number of present participles in the text and teachers might decide to explain it at this point and refer students to the back of the book.

a **Solution**
**1 b   2 g   3 a   4 f   5 j   6 i   7 l   8 d   9 k
10 c   11 h   12 e**

b **Practise on asking questions in the perfect tense.**

Solutions possibles
1 Qu'a-t-il découvert à cause des grèves?
2 Comment a-t-il regardé les rollers?
3 Comment est-ce que ses copains sont allés au collège?
4 Où est-il allé?
5 A quoi a-t-il participé?
6 Qu'ont-ils vu?

c **Students should have access to the different tapescripts used so far to write their own interview.**

Page 31

6 Quelle sorte de sportif/ve êtes-vous?

a **Quiz on leisure activities which introduces the reflexives in the perfect tense and the agreement with the preceding direct object (for recognition only at this stage).**

b *Able students:* **They could be taught the agreement of past participle and preceding direct object at this stage or at the end of this unit.**

Solution
1 Je n'ai rien fait.   **2** Je l'ai regardée.   **3** L'occasion ne s'est pas présentée.   **4** Je l'ai trouvée.   **5** Vous vous êtes baigné.   **6** Vous vous êtes reposé.

c

> Pour moi les vacances c'est synonyme de détente. Je me détends en rompant avec la routine quotidienne. Donc pas de contrainte: faire ce que je veux, quand je le veux.
>
> Comme je l'ai dit pas de contrainte. Le petit écran ça me délasse … Oui mais pas d'excès.
>
> Les sports de glisse, moi, c'est pas mon truc. Ça ne m'amuse pas. D'abord il faut trop d'énergie et je n'ai pas assez d'équilibre.
>
> Moi, à huit heures en vacances! Je fais de beaux rêves. Je ne me lève jamais avant dix heures.
>
> La piscine, par contre, oui. La natation, c'est le seul sport que j'aime. Faire des longueurs ça me plaît et c'est bon pour le souffle.
>
> La mer, j'aime pas surtout quand il y a des vagues. Le lac … euh … il y a souvent de la vase et des algues … non, la piscine, c'est encore ce que je préfère.
>
> Quand je suis en vacances, la sieste c'est sacré surtout quand il fait chaud.

Solution
1 c   2 c   3 a   4 c   5 a   6 c   7 c

Grammaire

Reflexive verbs in the perfect tense

Exercice 1

Solution
1 Je me suis levé(e).   **2** Tu t'es baigné(e).   **3** Il s'est promené.   **4** Elle s'est amusée.   **5** Nous nous sommes reposé(e)s / On s'est reposé.   **6** Vous vous êtes couché(e)s.   **7** Ils se sont arrêtés.   **8** Elles se sont mises à …

Exercice 2

Solution

je me suis réveillé(e)   je me suis occupé(e)   je me suis douché(e)   je me suis habillé(e)   je me suis préparé(e)   je me suis rendu(e)   je suis revenu(e) nous nous sommes préparés   on s'est éclaté   on s'y est amusé   on s'est reposé   on s'est promené nous nous sommes couchés   nous nous sommes endormis

For more practice on reflexive verbs in the perfect tense, each student could write a list of reflexive verbs in the infinitive (15/20 verbs). Beside each verb, a pronoun.

Exemple: **se reposer   il**

Students could then change their list with their partner and write the answers.

il s'est reposé.

Students could then get their original list back and correct the answers with the help of a verb table for accuracy.
Students could do the same exercise adding the tense: present or perfect to their list.

Exemple: **se reposer   il** (perfect)
se baigner   je (present) etc …

Page 32

7 Le VTT

Reading text and exercises on mountain bikes: more practise on reflexive verbs.

b   Solution

nous nous sommes rendus → se rendre   nous nous sommes levés → se lever   nous nous sommes mis en route → se mettre en route   je me suis bien amusé → bien s'amuser   je me suis cassé le bras → se casser le bras   je me suis couché → se coucher

c   Solution

For wrong sentences encourage students to make sentences to correct the statements.

Solution

1 faux (il est parti cet/en été).   **2** faux (il s'est rendu sur les lieux pour reconnaître le parcours).   **3** faux (il s'est levé de très bonne heure).   **4** vrai   **5** faux (il s'est amusé au début de la journée).   **6** faux (il s'est cassé le bras).

8 Expériences de VTT

a   Students read and listen to an interview. First encourage students to listen and not write anything but get the gist. A language laboratory would be very useful for this exercise, otherwise use the pause button.

> **Journaliste**: Il y a un peu partout en France des clubs de VTT et tous les dimanches les adeptes de ce sport se retrouvent et partent en randonnées. J'ai rencontré deux fanas de ce sport et ils m'ont raconté leur week-end. Tout d'abord Cédric.
>
> **Cédric**: Ce week-end je suis parti faire une randonnée en Bourgogne. J'ai choisi le parcours de 156 km. Je me suis inscrit avec mon club. Nous avons loué une camionnette et nous avons installé les vélos derrière. L'avantage de faire parti d'un club c'est qu'on fait du tourisme. Par exemple ce week-end, j'ai découvert la source de la Seine. Nous sommes arrivés à Dijon où nous avons consulté nos cartes de route pour l'épreuve du lendemain. J'ai beaucoup aimé cette randonnée: facile au début, parcours exigeant dans l'ensemble, mais qui n'a pas demandé trop d'endurance.
>
> **Journaliste**: Laurent, tu as passé un week-end intéressant, je crois?
>
> **Laurent**: Oui, moi, je me suis rendu dans le massif de l'Esterel. Malheureusement cette randonnée a failli tourner au drame. L'organisateur n'avait pas reconnu le parcours. C'etait beaucoup trop difficile: dénivelé trop important, trop de difficultés techniques, descentes incroyables, et pentes trop raides. Résultat: on a dû porter les vélos sur l'épaule. C'est ça aussi le VTT: il faut reconnaître le parcours. Certains sentiers sont plus faits pour la randonnée pédestre que cycliste. Donc notre endurance a été mise à rude épreuve mais les 10 km de descente à la fin ont permis à tout le monde de ne pas mettre en vente leur VTT!

a   Solution

1 VTT   **2** adeptes   **3** randonnées   **4** randonnée
5 parcours   **6** me suis inscrit   **7** vélos   **8** tourisme
9 épreuve   **10** randonnée   **11** randonnée
12 parcours   **13** vélos   **14** le VTT   **15** cycliste
16 leur VTT

Page 33

b   Solution

Interview 1: se retrouvent   ils m'ont raconté   je me suis inscrit   nous avons installé   adeptes   exigeant endurance

Interview 2: je me suis rendu   elle a failli   elle a été mise à rude épreuve

c Ask students to put into practice the advice given in the strategy box on checking written work.

9 Le dopage

Reading extracts about a very common problem in sport.

a Solution
1 j 2 f 3 i 4 a 5 b 6 g 7 c 8 e 9 d 10 h

Page 34

b Solution
1 c 2 d, e 3 a, e 4 a, d 5 d, e

c Solutions possibles
  a Ils se dopent pour améliorer leurs performances. Ils veulent avoir de meilleurs résultats.
  b Enlever leurs médailles aux sportifs qui se droguent.
  Informer les sportifs des dangers du dopage.
  c Non et surtout pas au hasard, seulement au cours de compétitions importantes.
  d Parce que le dopage tout comme la drogue est une tricherie. Quand on se drogue on triche tout comme quand on se dope.
  e On peut les informer en les rendant conscients des dangers, des risques.

10 Le dopage (suite)

a First listening: encourage students not to stop the tape in the middle of an item.

> **Journaliste**
> Nous sommes à l'antenne pour parler du dopage. Alors, que pensez-vous de ce phénomène qui touche le sport?
>
> **Première personne**
> Moi, je pense que le fossé entre les «dopés» et les contrôles anti-dopage s'accroît de plus en plus. Mon opinion est que le dopage est une réalité dans toutes les disciplines. Ce n'est plus réservé au cyclisme. Grâce au dopage on a de meilleures performances et c'est passionnant. Alors si les sportifs veulent se ruiner la santé pour gagner de l'argent, c'est leur problème. Du moment qu'ils apportent du spectacle et de l'émotion, moi je ne trouve rien à redire. Evidemment c'est pas très moral … Le public veut de l'exploit et des performances et pas de l'ennui.
>
> **Deuxième personne**
> Pendant trois semaines de Tour de France les coureurs parcourent des milliers de kilomètres à une vitesse incroyable. Dopage ou pas dopage les coureurs doivent quand même faire tous ces

> kilomètres. Cela n'enlève rien à leur exploit. Je ne vois vraiment pas de problème en ce qui concerne le dopage.
>
> **Troisième personne**
> Je condamne totalement le dopage. Il est malheureusement évident que beaucoup de sportifs prennent des produits illicites. Le dopage a toujours existé et il s'est 'amélioré' avec les progrés de la science. Tous les sports sont touchés et les enjeux financiers sont importants. Les coureurs actuellement touchés ne sont pas à plaindre. Ils trichent et ils le savent. Quant à l'exemple qu'ils donnent aux jeunes … pas de commentaires. C'est inadmissible. Les autorités doivent réagir. Ses records ne valent plus rien. On veut du spectacle mais sans dopage.

> Students could be given a copy of the tapescript only after having listened to the cassette several times and having done the exercise.

b Solution
1 a 2 b 3 a 4 a 5 a 6 a 7 b

11 Le sport est-il pourri?

Warm up exercise to the topic: encourage students to use and re-use expressions they have come across in this unit.
The second and third worksheets (two reading texts on drugs in sport) could be done at this point or later on before students write the essay p. 36 exercise 13 d.

Page 35

12 Le Tour de France

Reading text on the Tour de France and drugs: advice on planning written work.

a Solution
D C E B A
D introduit le texte **C** introduit une idée
E développe une idée **B** donne un exemple
A conclut le texte

b Solution
1 d 2 c 3 b 4 a

c Solution
1 **b** (le 8 juillet) 2 **b, d** (juillet) 3 **a, e** (Festina)
4 **b** (le coffre) 5 **e** (Lille)

Page 36

13 Nos lecteurs nous écrivent

Example of a formal letter.

a Solution
1 j'estime que **2** personnellement **3** de m'exprimer à ce sujet **4** j'ai l'impression **5** on doit se rendre compte

b Solution
estimer → une estimation   exprimer → une expression   penser → la pensée   améliorer → une amélioration   progresser → la progression   encourager → un encouragement

un traitement → traiter   une injection → injecter la consommation → consommer   la passion → passionner   un sponsor → sponsoriser

c Solution
1, 3
The second and third worksheets could be done at this point if they have not been done yet.

d The essay could be given for homework. But before students attempt to write the essay, it would be useful to have a brainstorming session for the vocabulary students will need. Then teachers could discuss the ideas and the structure of the essay with their students.

WORKSHEET

Progression 2a

This worksheet could be done after exercise 11 in the core section.

Solution
1 a, c
2 b, c
3 a
4 a, c
5 b
6 b

Progression 2b

This worksheet could also be done after exercise 11 of the core section or at the end of drug testing.

Solution
1 B 2 B 3 A 4 B 5 A 6 A 7 B 8 B
9 A 10 B
Once you have gone through the answers and the two texts have been fully exploited, you could improvise some short sentences in English to be translated into French: plenty of opportunity to re-use structures from these two articles.

You could also ask students to answer questions without looking at the text. You will then be able to see whether they have understood the topic and if they can use the new vocabulary.

Révision

Page 37

The following two pages could be done as assessment in class or for homework.

1 Les sports aquatiques

b Solutions possibles
1 Où est-ce que Virginie s'est rendue? / Où Virginie s'est-elle rendue?
2 Qu'est-ce qu'elle a essayé? / Qu'a-t-elle essayé?
3 Son équipement l'a fait ressembler à quoi? / A quoi est-ce que son équipement l'a fait ressembler?
4 Est-ce qu'elle s'est jetée à l'eau?
5 Qu'a fait Marc? / Marc qu'a-t-il fait? / Qu'est-ce que Marc a fait?
6 Comment est il descendu? / Il est descendu comment?
7 Qu'est-ce qu'il a aimé? / Qu'a-t-il aimé?
8 Quels ont été ses sentiments? / Qu'a-t-il éprouvé, ressenti?
9 Qu'est-ce que Frédéric a préféré? / Qu'a préféré Frédéric?

2 Mon sport préféré

Students to write a paragraph about a sport on holiday. They should be encouraged to express their opinions.

3 Travail de recherche

a **Students research new sports on the Internet.**

b **Students should identify the vocabulary they will need to talk about their chosen sport.**

Page 38

4 Stop dopage!

[cassette icon]

> Florence Griffith Joyner, 38 ans, a été retrouvée morte à son domicile californien, hier matin à 6h 54, heure de Los Angeles. C'est Al Joyner, champion Olympique du triple saut en 1984, qui a trouvé le corps inanimé de sa femme. Elle aimait la vitesse et la lumière, mais elle n'a pas pu échapper aux soupçons. Attaque cardiaque ou accident cérébral? Le diagnostic n'était pas tranché hier soir. Certaines rumeurs évoquent une mort à cause de produits dopants mais personne ne connaît encore avec certitude les veritables causes du décès. Seule certitude: il y a un peu plus de deux ans Florence avait déjà subi une sérieuse attaque cardiaque; un malaise dans un avion mais elle allait mieux. Elle paraissait même en pleine forme. Elle courait tous les jours.

a Solution
1 Al Joyner a trouvé (1) le corps de sa femme (1).
2 38 ans (1)
3 à Los Angeles (1)
4 à 6 heures 54 (1)
5 Personne ne connaît (1) les causes (1) mais des rumeurs parlent (1) de produits dopants (1).
6 Il y a deux ans (1) elle avait eu (1) une attaque cardiaque (1) dans un avion (1).
7 Elle allait mieux (1). Elle courait tous les jours (1).

c Solution
1 c (affaires) 2 h (obligé) 3 l (sportives) 4 f (unir)
5 n (mesures) 6 a (mettre fin) 7 d (dopage)

d Solution
1 Ils le prescrivent (1) pour combattre le rachitisme (1)
2 pour développer la musculature (1), pour ne plus avoir mal en particulier aux articulations (1) pour pouvoir s'entraîner plus souvent (1) grâce à une récupération plus rapide (1)
3 des risques de maladie (1) par exemple: le cancer (1) l'hypertension (1) des accidents de cœur (1) ou mourir jeune (1)
4 faire des analyses (1) de cheveux (1)

Extra

Page 39

1 Accros ou pas accros?

[cassette icon]

> **Cécile**
> Je ne peux pas me passer de télé, à la rigueur un jour mais pas plus. Je ne sais pas quoi faire. Si la télé est en panne, je suis perdue. Je suis une inconditionnelle de la télé. Je suis prête à faire n'importe quoi pour ne pas manquer un bon film.
>
> **Loïc**
> Sans la télé, les gens sont obligés de se remuer. Ça a un côté assez positif. Les gens qui ne possèdent pas la télé se tournent vers d'autres activités. Ils écoutent de la musique, ils font du sport ou sortent entre amis. La télé, ça a du bon mais il faut faire le tri. Il ne faut pas être trop dépendant.

Annie

Certaines émissions sont débiles, les feuilletons surtout. Je ne les regarde pas tellement. A mon avis ils prennent les gens pour des imbéciles. J'ai tendance à regarder les bons films genre ciné-club et bien sûr les actualités pour m'informer. Ce que je reproche à la télé c'est de montrer beaucoup trop de violence, même dans la journée. C'est très mauvais pour les gens influençables. Je voudrais plus de comédies.

a Solution

1 Cécile ne peut pas s'en passer – positif
2 Loïc pense qu'elle empêche les gens de faire d'autres activités – négatif   **3** Annie: trop de violence et beaucoup d'émissions stupides – négatif

b Solution

1 regarder la télé   **2** en retard   **3** s'entraîner
4 faire du triathlon   **5** inintéressant   **6** à mon égard

2 Sondage

a Solution

1 b   2 d   3 a   4 e   5 f   6 c

b Solution

1 vrai   **2** faux   **3** vrai   **4** faux

Page 40

3 La violence à la télé

a Solution

massacrer   massacré
fusiller   fusillé
déclenchement   déclenché
se comporter   comporté
violer   violé
aggression   aggressé
abattement   abattre
perception   perçu

b Solutions possibles

1 Il y a eu un meurtre.
2 La télé est accusée / rendue responsable.
3 Non. Cela dépend de leur psychologie intime.
4 Les enfants qui regardent trop la télévision et qui ont la télé comme modèle parce qu'ils n'ont aucun point de repère à part la télévision. Pour ces enfants, la télé remplace les parents.

The fourth worksheet could be done at this point before students attempt to write the article exercise 3c p. 40.

WORKSHEET

Extra 2

This worksheet could be done at the end of the whole unit.

🔲

Interviewer: Nous avons ce soir avec nous dans le studio Michelle Giansetto. Bonsoir, Michelle. Vous êtes psychologue, c'est bien ça?

Michelle: Oui, c'est ça.

Interviewer: La violence à la télévision, c'est un débat qui existe depuis longtemps, n'est-ce pas et c'est un débat qui vous est cher?

Michelle: Absolument. Les choix d'émissions deviennent très importants à partir du moment où nous réfléchissons au problème de la violence à la télévision. Nous ne sommes pas toujours disponibles pour nos enfants, après le travail nous sommes débordés et nous avons tous des soucis qui nous préoccupent. La télé est un bon moyen d'occuper nos enfants lorsque nous préparons le repas …

Interviewer: Alors, la télé sert en quelque sorte de baby-sitter …

Michelle: Oui, et pourtant, il est essentiel de trouver le temps de dialoguer avec nos enfants. La télévision ne génère peut-être pas de peurs ou de comportements agressifs mais elle peut renforcer des fantasmes ou des pulsions qui sont déjà là car une chose est certaine: la violence montré à la télévision et dans les films ne peut être tenue seule responsable du comportement agressif des enfants et n'en fera pas des adultes violents.

Interviewer: Oui, bien sûr, il y a d'autres facteurs …

Michelle: Oui, croire le contraire serait nier les effets de la pauvreté, de l'abus, de la négligence et de la violence familiale. Par ailleurs, la plupart des recherches montrent que les enfants victimes de violence sont les plus affectés par la violence télévisuelle.

Interviewer: Mais cette violence, elle est présente partout?

Michelle: Oui, elle est aussi très présente dans les émissions pour enfants, surtout dans les dessins animés où les personnages sont écrasés par des pianos qui tombent d'un escalier, avalés par des grosses bêtes et en sortent indemnes … Dans ce genre d'émissons, la violence va de pair avec l'humour et a rarement des conséquences néfastes. Dans les émissions pour adultes la violence est plus explicite. Les armes à feu et des couteaux ont l'air vrai, tout comme les morts et le sang.

Interviewer: Et quels sont les effets de la violence sur les enfants?

Michelle: Ils sont variés. Certains vont adopter un comportement agressif calqué sur ce qu'ils voient à la télévision: un penchant pour l'affrontement, une tendance à crier, à intimider les plus jeunes, un goût pour la bagarre dans les jeux comme dans la vie quotidienne. D'autres perçoivent le monde comme étant si menaçant et violent qu'ils deviennent craintifs et se renferment sur eux-mêmes. Et de nombreux enfants voient la violence comme une façon acceptable de régler leurs problèmes et d'obtenir ce qu'ils veulent.

Interviewer: Et si vous deviez donner un conseil aux parents …

Michelle: C'est à vous de décider ce qui convient le mieux à votre famille. Si vous craignez l'impact des émissions violentes sur vos enfants, agissez en contrôlant ce que vos enfants regardent à la télévision.

Solution

Exercice 1
1 depuis **2** choix **3** disponibles **4** moyen **5** dialoguer **6** comportement **7** télévisuelle **8** familiale **9** dessins animés **10** humour **11** par contre **12** émissions **13** explicite **14** effets **15** crier **16** intimider **17** devenir **18** régler **19** contrôlant

Exercice 2
1 e **2** h **3** k **4** g **5** a **6** i **7** j **8** b

WORKSHEET

Culture 2

Exercice 1a

Solution
1 b   2 c   3 a   4 a

Exercice 1 b

Solution
a   Il a été fondé en 1947.
b   La scène était trop grande. Il avait l'habitude des scènes plus petites.
c   Il y a aussi de la danse, de la musique contemporaine et du cirque. Il y a aussi eu de la poésie, des expositions d'art, du cinéma et de l'art-vidéo.
d   Il y a un public varié: des novices aussi bien que des habitués et des professionnels.

Exercice 2
While a student does his **exposé**, other students could be asked to take notes about what is being said and contribute positively by asking questions and / or expressing their opinions.

Grammaire 2

This worksheet could be given at the end of the unit as an assessment or the different exercises could be given each time a grammar point has been explained.

Solutions

Exercice 1
suis   suis   suis   suis   ai   ai   ai   ai   suis   ai   ai   suis   suis   suis   suis   suis

Exercice 2
j'ai mangé   j'ai regardé   j'ai joué   j'ai écouté   je suis arrivé(e)   je suis resté(e)   nous sommes descendu(e)s   il s'est levé   ils se sont couchés   elle a vendu

Exercice 3
a   Je n'ai pas passé.   b   Elle n'a rien mangé.
c   Chantal et Nicole n'ont vu personne.   d   Jean n'est pas resté.

Exercice 6 a
je suis arrivée   je me suis perdue   je l'ai trouvé   j'ai déchargé   j'ai fait   elle s'est cassée   le centre m'en a prêté   a réparé   je suis beaucoup tombée

Pages	Thèmes	Grammaire	Compétences	Techniques	Recherche sur Internet
42–46 Départ	La télévision: • Les différentes chaînes et les différentes émissions • Loisir principal des Français	Les adjectifs qualificatifs: l'accord et la position Les adjectifs démonstratifs: ce, cet, cette, ces	Etre d'accord ou pas Les descriptions Identifier certains mots à l'écoute Contredire quelqu'un		www.phosphore.com www.telerama.fr www.france2.fr
47–56 Progression	Pour ou contre la télévision? Le rôle de la télé La liberté de la presse La publicité	L'imparfait Passé composé ou imparfait? Le passif	Discuter avec quelqu'un Ecrire une lettre à un correspondant Mener une interview Donner son point de vue Le pour et le contre Rédiger une dissertation		
57–58 Révision	Les paparazzis Quel média?		Préparation à l'examen		
59–60 Extra	Une célébrité assassinée	Le passif Passé composé ou imparfait?	Résumer un texte Faire une interview		quotidien.nouvelobs.com

Départ

Page 42

1 En famille

In the next few pages students will have to use a lot of previously acquired language.

a Students listen to five members of a French family talking about their favourite programme on television. Give names beforehand to the students.

> **La mère:** Jean-André, tu as vu le film sur la 1?
>
> **Jean-André:** Non, j'ai regardé Canal +. Il y avait mon dessin animé préféré. Je n'ai jamais autant ri. L'épisode s'appelait "Les 400 coups". Après une bagarre monstre dans le stade de foot, Sacha ... eh ... le personnage principal s'achète un pistolet pour défendre sa famille. Sa femme, Lola, ne le voyant pas revenir, se cache avec ses enfants dans la chambre et à son retour lui casse une bouteille sur la tête. Pour moi, c'est la meilleure émission qui passe en ce moment.
>
> **Mère:** Oh ... moi ces deux-là je ne peux pas les supporter. Ils ont des voix idiotes! Moi, j'ai opté pour le film et ensuite la météo. Demain, je dois partir en vacances et je voulais savoir quel temps il va faire. En général ils ne se trompent pas. D'après ce qu'ils ont dit il va faire beau et chaud pendant encore une quinzaine de jours. Et toi, papi, qu'est-ce que tu as regardé?
>
> **Le grand-père:** Sur la cinq, il y avait 'Le monde des animaux'. Tu sais que je m'intéresse à tout ce qui est sciences et culture générale. J'aime savoir comment vivent les différentes espèces animales et j'ai trouvé cette émission passionnante.
>
> **Le père:** Oui, c'était super. Moi aussi je l'ai regardée. Et ensuite, je suis passé sur la 3 pour regarder le journal. Je ne le manque jamais car j'aime savoir ce qui se passe dans le monde.
>
> **Sandrine:** Ah moi non! je trouve qu'en ce moment c'est assez déprimant. Après une journée de travail rien de mieux pour se détendre que de regarder un nouvel épisode de sa série préférée. Tous les mercredis sur France 2 je regarde la mienne. C'est l'histoire d'une bande de copains d'une vingtaine d'années qui habitent New York.

a **Encourage the students to make a full sentence as in the example.**

Solution
Jean-André a regardé le dessin animé.
La mère a regardé la météo.
Le grand-père a regardé le monde des animaux.
Le père a regardé les actualités/les nouvelles/les informations.
Sandrine a regardé un feuilleton.

b *More able students*: **encourage them to answer in full sentences and give a reason.**
Less able students: **they could omit the reason or give it in English.**

Solution
Jean-André a prononcé la phrase 3 parce que Sacha et Lola le font rire.
La mère a prononcé la phrase 5 parce que demain elle part en vacances et elle veut savoir le temps qu'il va faire.
Le grand-père a prononcé la phrase 2 parce qu' il aime bien savoir comment vivent les animaux.
Le père a prononcé la phrase 4 parce qu'il aime savoir ce qui se passe dans le monde.
Sandrine a prononcé la phrase 1 parce qu'elle a besoin de se détendre après une journée de travail.

2 Les émissions préférées

Students make a dialogue and replace the underlined words by other words. A language laboratory would be ideal to record the dialogues and for teachers to work on the pronunciation of their students.
Less able students: **They could first practise the dialogue as it is in the book before attempting to change the words.**
The first worksheet could be done at this point.

3 La télé, tu aimes?

Less able students: **they could first practise the dialogue as it is. They could then use it as a framework to do their own.**
More able students: **they could be more adventurous with the language and they should be encouraged to be more creative.**

4 Sacha

This exercise starts work on adjectives with a gap-filling exercise on Sacha, cartoon character.

a **Solution**
1 moyen **2** maigre **3** paresseux **4** bête **5** lent **6** stupide **7** principal **8** grande **9** aîné
Teachers could warn their students that there is only one possible answer for each number. Once the exercise is done teachers could explain why: the context but also expressions which students could learn to expand their vocabulary:
– être maigre comme un clou: to be as thin as a rake
– être bête comme ses pieds: to be as thick as a brick
– lent + à + infinitive

b 🔈

> Sacha, c'est le père de famille et c'est le stéréotype du Français moyen. Physiquement, il est maigre comme un clou. Il est toujours assis devant la télé et c'est sa femme qui fait tout. Il est très paresseux. Il est bête comme ses pieds et lent à comprendre. Il est si stupide qu'on se demande pourquoi ils en on fait le personnage principal d'une émission de télévision. Mais il nous fait bien rire. Il a une grande famille et son fils aîné lui ressemble beaucoup.

Page 43

5 La famille

a Solution
  1 grosse   **2** épuisée   **3** extravagante   **4** bariolés

b Solution
  5 marrant   **6** petit   **7** doué

c Solution
  8 nombreux   **9** populaire   **10** intelligente
  11 bonnes   **12** premier

Grammaire

Adjectives
Less able students: Before the grammatical explanation, teachers might want to revise what is an adjective with their students and ask them to write a list (ten to 20) of common adjectives in French.

Exercice 1
Tell students to write the opposite adjective rather than write the same sentence in the negative.

Solution

1 grosse	**6** mauvaises
2 paresseux	**7** barbante/ennuyeuse
3 vieille/ancienne	**8** beaux
4 elle est gaie	**9** nouvel
5 dernière	**10** vieilles

Exercice 2

Solution
troisième   américaines   sophistiquée   longs   unis
âgés   jeune   seul   obsédée   petits   difficiles
déconcertante   surréalistes

Page 44

6 Mary Reilly

Students read the critique of a film and do exercises. This is to prepare them to do the following writing task.

b Solution
  1 d
  2 f
  3 b
  4 h
  5 k
  6 i
  7 e
  8 j
  9 l
  10 a
  11 c
  12 g

c Solution
  Encourage the students to correct the false sentences.
  1 faux (C'est la femme de chambre d'un médecin.)
  2 vrai
  3 faux (Le père de Mary est alcoolique.)
  4 vrai

7 Dr. Bobo

Encourage the students to use previous material rather than just writing the words provided in a sentence. It will make their writing more interesting and by using that material they are more likely to remember it.
***Differentiation*: the length of the paragraph will differentiate between the students.**

Page 45

8 La télévision

The text provides a survey about young people's TV habits.

b Solution
  1 faux (Ils ne passent que deux heures devant la télé.)
  2 faux (Ils préfèrent la regarder seuls ou avec des copains.)
  3 vrai
  4 vrai

c **Encourage students to answer in full sentences.**

Grammaire

Demonstrative adjectives
Teachers should stress that **cettes** does not exist! and yet is often used by students.

Exercice 1
1 ces **2** ce **3** cette **4** ces **5** cet **6** ce **7** ces

Exercice 2
1 On passe mon film préféré cette semaine.
2 J'aime bien/vraiment ce dessin animé.
3 Ces pubs sont vraiment drôles/marrantes.
4 Ces jeux vidéo sont super/géniaux/chouettes.
5 Ce sondage dit que la majorité des jeunes regardent la télévision moins de deux heures pendant la semaine.
6 Cet article ne dit pas la vérité.

Page 46

Exercice 9
La télévision: loisir principal des Français

Solution
a **1** Arte **2** M 6 **3** TF1 and France 2 **4** La 5
5 La 5 and France 3.

b **1** Fous d'humour, France 2, 23.20.
2 Paris-St Germain/Bastia, France 3, 20.40.
3 L'épreuve du feu, France 3, 23.10.
4 Métropolis, Arte, 21.35.
5 L'appartement (en clair), Canal+, 19.30.
6 La blessure, Arte, 22.35.

WORKSHEET

Départ 3

Séries ou pas séries?

This worksheet (reading extracts about favourite TV series and why young people like them) could be done before the role play where students have to talk about their favourite programmes.

Solution

Extrait 1
Encourage the students to answer in sentences to practise accuracy.

Solutions possibles
a Elle le regarde depuis six mois.

b Ses copains lui en ont parlé.

c Elle pense qu'elle est géniale parce que les personnages ont les mêmes problèmes que les jeunes.

Extrait 2
a Elle aime cette série pour son humour et le jeu des acteurs. C'est une série qui détend et qui fait rire. De plus, elle traite de tous les thèmes de la vie courante.

b Elle s'adresse à tout le monde.

Extrait 3
Il préfère les séries qui font réfléchir sur la société.

Extrait 4
Elle parle de sujets actuels mais aussi d'amour.

Extrait 5
Elle regrette cette série parce qu'elle parlait des problèmes des jeunes.

Progression

Page 47

1 Les fans de télé

Students listen to four young people talking about television.

a **dictionary skills exercise**

Cyrille
Et la culture alors! Il y a des émissions comme l'émission de Pivot *Bouillon de culture* qui sont très regardés. Il y a aussi beaucoup de débats sur tout un tas de sujets d'actualité. Et il font aussi vraiment un effort en ce qui concerne les films, surtout la 2 ou il y a des films de qualité.

Christelle
Et l'information! Bon c'est sûr que l'actualité est quelquefois déprimante mais tout de même on est bien informé. Ils ont des équipes dans tous les coins du monde et on sait tout de suite ce qui se passe partout.

Jérôme
Pour moi la télé, c'est un divertissement. Moi ce que j'aime, c'est les jeux. On n'a pas besoin de penser et on peut rêver qu'un jour, peut-être, on va gagner le gros lot.

Marine
Les feuilletons font vraiment parti de la vie quotidienne. Ils sont le reflet de la société actuelle avec tous les problèmes qu'il peut y avoir: le sida, la drogue, le chômage, le divorce etc ...

---

b **Solution**
1 vrai
2 vrai
3 faux (Ce qu'elle aime, c'est les jeux car on a pas besoin de penser et on peut rêver)
4 faux (Ils reflètent la société)

2 A quoi sert la télé?

Students listen to four young people criticising television.

Sébastien
A se cultiver? Mais vous plaisantez! Le vrai support de la culture c'est l'écrit. La télé est un média beaucoup trop rapide. Il est quasiment impossible d'organiser de vrais débats, d'y développer des

---

analyses poussées. Ne parlons pas des films interrompus par de la publicité.

Rachid
A s'amuser? Ah! ça non! Voir des pauvres types gagner des sommes astronomiques parce qu'ils ont répondu à une question stupide, voir des participants à un jeu débile se ridiculiser pour pouvoir passer trentes secondes à la télé, écouter des blagues racistes ou bien grossières, ça ne m'amuse pas ... en fait ça me dégoûte.

Marie
A s'informer? Certainement pas ... Les journaux télévisés touchent un public si large et si varié qu'ils doivent beaucoup simplifier leurs informations. Ils s'appuient sur l'image pour attirer l'œil. C'est facile de manipuler des images ...

Chloé
A rêver? Sûrement pas ... Les feuilletons, la plupart des films sont tous bâtis sur le même modèle. Des marionnettes qui n'ont rien d'humain (parce qu'ils sont trop beaux, trop riches, trop intelligents). Ils vivent des aventures, des histoires d'amour très banales. Cette uniformité tue l'identification, le rêve. Il n'y a plus de place pour l'imaginaire.

a **Solution**
1 i
2 e
3 h
4 g
5 b
6 a
7 d
8 c
9 f

b **Write the four names on the board.**

Solution
1 Chloé
2 Marie
3 Sébastien
4 Rachid

3 Jeu de rôles

Before they start, talk with students about the ideas: for/against television and make sure they apply the advice from the strategy box.

Page 48

4 La télé, pour ou contre?

Students read a text about television and how people can get addicted. It also introduces the imperfect.

a Solution
1 d
2 a
3 e
4 b
5 c

b Solution
Tell the students that there are more verbs than needed.
Less able students: **Teachers can omit this exercise. If less able students do the exercise, teachers must ask their students to check the meaning of all the verbs and that their students understand the passage.**
1 restais
2 n'avais
3 ai mis
4 regarder
5 n'ai pas pu
6 détacher
7 ai regardée
8 étais
9 voulais
10 était
11 trouvé

Page 49

5 Contre? Et alors?

a Students read a text with verbs in the imperfect and have to provide the infinitive of these verbs.
Less able students: **Teachers might want to revise first what is an infinitive and ask students to provide a list of verbs (10/20) in the infinitive. They could also be asked to provide the present tense and the perfect tense of these infinitives (good revision exercise before tackling a new tense). More able students might also benefit from this exercise.**

b Solution
je rentrais → rentrer → I came back
je me précipitais → se précipiter → I (used to) rush(ed) back
La télé envahissait → envahir → television (used to) invade(d)
c'était → être → it was
Je savais → savoir → I knew
qui était → être → who was
Je me demandais → se demander → I wondered
tout le monde se mettait → se mettre → everybody started

The imperfect

Exercice 1
1 étais / regardais
2 allions / prenions
3 finissait
4 voulaient
5 conduisaient
6 voyais
7 riait

Exercice 2
avais regardais voulais était préférait disputions n'aimaient éteignaient allions amusions rendions buvions revenions

6 Attention! Gare aux excès!

a Students listen to a young American's story.

b Students fill in the gaps with a verb in the imperfect.

> Tout comme la drogue, l'Internet peut devenir une obsession. C'est ce qui s'est passé aux Etats-Unis. Un jeune avait dans sa chambre sept ordinateurs! Il ne faisait que ça. Il passait 24 heures sur 24 devant son écran. L'Internet envahissait ses pensées, sa vie entière. Le monde réel ne l'intéressait plus, il était bien mieux dans le monde virtuel.
>
> La moral est que, tout comme la télévision, il faut consommer l'Internet avec modération.

Solution
1 avait   2 faisait   3 passait   4 envahissait
5 intéressait   6 était

Page 50

7 Remplissez le tableau suivant

Students fill in a grid with the missing infinitive / past participle or imperfect.

Solution
fini / finissais   battre / battais   fourni / fournissais
faire / fait   prendre / prenais   lire / lu
revenu / revenais   boire / buvais   vouloir / voulu
envahir / envahissais   avoir / eu

8 Passé composé ou imparfait?

a **Students listen to five people talking. This exercise is provided to help with recognition of perfect and imperfect.**

> Voici quelques années, on utilisait des règles à calcul. Leurs utilisateurs rejetaient les calculettes.
>
> Au début des années 80, il y a eu «le plan informatique pour tous.» Mais ce plan a échoué.
>
> Qui a inventé Internet : Les Américains bien sûr! La révolution a eu lieu en 1992 lorsque Marc Andreessen a inventé Mosaic.
>
> Marc Andreessen qui gagnait 35 F de l'heure deux ans plus tôt allait devenir millionnaire.
>
> Quand j'étais jeune, personne ne possédait l'Internet et on ne s'en portait pas plus mal.

Solution
1 imparfait, imparfait
2 passé composé, passé composé
3 passé composé, passé composé, passé composé
4 imparfait, imparfait
5 imparfait, imparfait, imparfait

b **Solution**
1 utiliser → utilisait, rejeter → rejetaient
2 y avoir → y a eu, échouer → a échoué
3 inventer → a inventé, avoir lieu → a eu lieu, inventer → a inventé
4 gagner → gagnait, aller → allait
5 être → étais, posséder → possédait, se porter → se portait

9 Quand ils étaient plus jeunes …

a **Students read what three people did on Sundays. More practice on perfect and imperfect tenses.**

b **Solution**
Warn students that there are more verbs than they need.
1 d   2 a   3 b   4 c   5 l   6 j   7 m   8 n   9 o

Page 51

10 Avant la télé …

a **Students listen to somebody speaking of what life was like before television and they have to fill in gaps. Use the pause button if necessary.**
Less able students: This exercise could be omitted.

> **Monsieur Courbet:** Eh … c'est sûr. On passait plus de temps en famille: au lieu de rester devant la télé, on jouait aux cartes ou autres jeux de société. Les repas ou autres activités n'étaient pas interrompus par les feuilletons qui tiennent une place de plus en plus grande dans la vie familiale. Les musiciens faisaient de la musique ensemble. Ils formaient des groupes. Il y avait plus de place pour la communication. On sortait aussi d'avantage en famille. Il y avait pas mal de bals ou autres soirées dansantes. Et les enfants lisaient beaucoup plus. Dans le temps, il y avait aussi sûrement moins d'obèses ou de gens qui ont des problèmes de poids car les gens avaient beaucoup plus d'activité physique.

Solution
1 passait   2 rester   3 jouait   4 étaient
5 interrompus   6 feuilletons   7 faisaient
8 formaient   9 y avait   10 sortait   11 y avait
12 lisaient   13 y avait   14 avaient

b **Solution**
1 They played cards and other board games.
2 They were not interrupted by soaps.
3 They played music together and formed bands.
4 They went to dances.
5 Children don't read as much.
6 Because people were more active.

11 Que faisiez-vous avant d'avoir la télé?

1 je bavardais avec des amis.
2 je me promenais à la campagne.
3 je faisais de la planche à voile.
4 j'écrivais des lettres.
5 je jouais aux cartes en famille / avec mes copains.
6 j'allais au cinéma avec mes amis.
7 je me couchais plus tôt / je dormais.

12 Vous avez changé?

Pair work about leisure activities. Encourage the students to be adventurous with the language and to use words seen so far.
The third worksheet could be done at this point.

13 Une lettre à écrire

Encourage the students to use previous material. It will make their writing more interesting and by using that material they are more likely to remember it.
Differentiation: the length of the paragraph will differentiate between the students.

Page 52

14 Le revers de la médaille

a Students read a text about tabloids. This text introduces the work on the freedom of the press.

b **Solution**
Warn the students that there are more verbs than they need.
1 b
2 d
3 a
4 c
5 h

15 Les chasseurs d'images

a Students read an interview with Patrick Poivre d'Arvor. Patrick Poivre d'Arvor is a newsreader and a famous journalist who works for the French television. He was the victim of paparazzis.

Page 53

b **Solution**
1 d
2 b
3 a
4 e
5 c

16 La presse et vous

a Students read the two dialogues printed in the book. A good task for homework would be to memorise the dialogues and act them out in front of the class. Students could also record themselves in a language laboratory and work on their pronunciation.

b Students make similar dialogues by replacing the underlined words with other words. A language laboratory would be ideal to record the dialogues and for teachers to work on the pronunciation of their students.

More able students: They could be asked to be more adventurous with the language.

Before they start to talk with students about the ideas (for/against tabloids) refer them to the advice given in the strategy box on p. 47.
Differentiation: will be made by pairing students of similar ability.

Page 54

17 Sportifs, attention!

a Students have to re-order the sentences of an article. Tell students that their first version might not be the last as they might have to revise their first version. Students should look at the context and linking words in particular.

Solution
1 h
2 f
3 e
4 a
5 g
6 c
7 i
8 d
9 b

Et par conséquent, il ne va pas participer à la tournée de son pays à l'étranger. Il a été accusé par l'hebdomadaire à scandale *News of the World* d'avoir fait du trafic de drogue. Ce journal lui a aussi reproché d'avoir consommé des stupéfiants lors d'une tournée à l'étranger. Le journal a affirmé que ces faits ont été reconnus devant ses journalistes. Ce sportif a en effet été piégé par une jeune femme. Elle était journaliste et elle avait un magnétophone pour enregistrer l'interview. Cette tactique est bien connue des tabloïds, sous le nom de «honey trap». C'est pour cela que le rugbyman a été entendu pendant trois heures au siège de sa fédération. Malgré tout, il a le soutien de son sélectionneur qui pense qu'il est innocent.

b Students have to prepare an interview with their partner about the incident: one student plays the journalist and one student plays the rugbyman. *Differentiation:* Less able students could adhere to the framework of the book's dialogue whereas more able students could be more adventurous with the language and re-use vocabulary and structures used so far. Teachers should match pairs of similar ability.

Grammaire

The passive

Exercice 1
Many possible answers.

Exercice 2

1 Une camionnette a été volée par des malfaiteurs.

2 Deux Maghrébins sont recherchés par la police.

3 Hier, une autre victime a été découverte par un policier.

4 Cette région de France a été affectée par la pollution.

5 Le concert de ce soir a été annulé par Céline Dion.

Page 55

18 La pub

a **Students check the meaning of certain words.**

b **Students listen to a report on advertising.**

Cette enquête de la Sofres pour le journal *Le Figaro* a été effectuée en 1996. D'après cette enquête, il semble que les Français sont saturés de publicité. En effet, 59% des personnes interrogées (1006 Français de plus de 18 ans ont été interrogés) estiment gênantes et 28% assez gênantes – soit un total de 87% – les coupures publicitaires dans les films ou dans les émissions à la télévision. 62% estiment par ailleurs, la durée des écrans publicitaires beaucoup trop longue et 25% un peu trop longue. Le résultat est que 50% admettent ne plus regarder la télévision pendant les coupures publicitaires et en profitent pour faire autre chose. Il reste 18% de téléspectateurs qui suivent attentivement les spots publicitaires.

b **Solution**

1 majeurs **2** n'aiment pas **3** durent trop longtemps **4** la moitié **5** 18%

19 Oui à la pub!

a **Students read a letter supporting advertising. Tell students not to worry about excessive detail.**

b **Solution**

1 Il les plaint parce qu'ils ne vivent pas avec leur temps, ils sont démodés.

2 Il est pour la publicité parce qu'il la considère comme un art. Elle fait partie de notre culture.

3 C'est leur spectacle préféré.

4 Il ne faut pas abêtir ou tromper les enfants.

Page 56

20 Non à la pub!

a **Students read the opposite view: a letter against advertising.**

b *Less able students:* **If this exercise is too difficult, teachers could give their students the English equivalent of these French words for the students to match.**

1 elle entre **2** sans que l'on s'en aperçoive
3 le but **4** les consommateurs
5 leur plaire **6** envieux
7 les SDF **8** les moyens

c **Teachers should encourage their students to use their own words rather than copy the sentences from the article.**

Solution

1 Non, elle n'informe pas bien / C'est faux.

2 Non, ce n'est pas une bonne chose car les gens qui sont défavorisés comme les SDF se sentent exclus et ils sont frustrés parce qu'ils ne peuvent pas avoir ce qu'ils voient.

3 C'est décevant car on croit qu'on peut être heureux en consommant et que si on suit trop la publicité on va devenir des esclaves et perdre son individualité.

21 Et vous qu'en pensez-vous?

a **Students listen to five people talking about advertising and they have to write who is for advertising and who is against advertising.**

1
On est sans cesse agressé. Quelles que soient les médias, il y a de la publicité. On ne peut pas y échapper. Et en plus elle fait monter les prix de façon vertigineuse.

2
C'est bon pour l'économie et c'est certainement bon pour la création d'emplois. On en a besoin pour relancer l'économie.

3
On n'est pas obligé de tout subir. On peut faire un choix. La publicité ne m'empêche certainement pas de choisir. C'est à l'individu de faire un choix.

4
La pub joue sur les frustrations, les rêves, les désirs. Elle est partout, dans la presse, à la radio, à la télé, sur les panneaux dans les rues etc ...

5
Ça crée des besoins superflus et les gens ont tendance à vivre au dessus de leurs moyens. Ça entraîne aussi le gaspillage.

Progression 3a

Liberté = Danger
This worksheet (a reading text about the freedom of the press) could be done at the end of the core section p. 56 to finish up the topic.

a 1 journal (un)
   2 kiosque (un)
   3 acquittement (un)
   4 pays (un)
   5 journal télévisé (un)
   6 espoir (un)

b **1 3 4 6** sont mentionnés

Progression 3b

This worksheet could be done p. 51 after exercise 12 before students write a letter about their hobbies when they were younger.
Exercise 2 can only be done when the poem has thoroughly been exploited and that the students know what the ideas are. Before the students write the summary tell them to be careful about the pronouns and not to use 'on' but 'ils', etc.

Solution
était pouvait allait était regarder s'apprêtait était était offraient remarquer était était pouvaient accepter allaient pouvait réparer parlaient était causait jouaient avait rouspétaient était arrivés installée emprunté attaché était était est allé est allé se promener déclaré était parlait apprenaient jouer faisait était

Solution
La personne n°. **2** est pour parce qu'elle pense que c'est bon pour l'économie et pour la création d'emplois.
La personne n°. **3** ne dit pas s'il est pour ou contre. C'est à chacun de choisir.
La personne n°. **4** est contre car elle dit que la publicité est partout et qu'on ne peut y échapper.
La personne n°. **5** est contre parce qu'elle dit que la publicité pousse les gens à consommer et à acheter plus. Ils gaspillent donc plus.

b **Students write an essay about advertising.**
The second worksheet could be done at this point.

Page 57

Révision

1 Les paparazzi

a **Students read a letter about the paparazzi.**

b **Multiple choice questions.**

Solution
1 b
2 a
3 c
4 a

(4 points)

2 Paparazzi

a **Students listen to a girl talking about a film called *Paparazzi*.**

Hier je suis allée voir un film super bien qui s'appelle *Paparazzi*. C'est l'histoire de Franck, alors qu'il devait être au travail se trouve sur la photo d'un paparazzi qui voulait piéger Guillaume Durand lors d'un match de foot. Son patron le renvoie quand il voit sa photo dans le journal et il essaie de trouver le photographe.

C'est un film point de vue paparazzi. Il ne cherche pas à les enterrer, juste à les comprendre et à justifier leurs motivations. De nombreuses vedettes, victimes des vrais paparazzis, ont accepté de participer au film. Les motivations des paparazzis sont évidentes, le côté aventure, les enquêtes et la transformation du pauvre Franck en piégeurs de stars devient inévitable. La loi de l'argent et les petites magouilles pour obtenir des renseignements ou des photos chocs nous semblent rapidement familières. Un exemple amusant du film pour montrer l'esprit paparazzi: est alors qu'ils étaient dans un hôpital pour «shooter» quelqu'un le paparazzi confirmé passe par la maternité et photographie tous les nouveaux nés: une star a peut-être accouchée et il ne le sait pas encore!

b **Solution**
1 3 4 5 7 9

(6 points)

3 Quel média?

a **Students listen to six students talking about different media and which they prefer.**

Florence
Pour moi, les médias sont de très bonnes sources d'informations quelle que soit leur forme – journaux, télévision, Internet ou radio – mais uniquement si on prend le temps de les confronter entre eux, de les comparer. Elles se complètent alors et permettent une meilleure objectivité. Cependant, je fais plus confiance à la presse et à la radio comme *France Info* ou *Le Monde* qui sont des références et dont le sérieux est garanti. A mon avis, ce sont là que les informations sont les plus proches de la vérité. Internet est peu fiable si on ne sait pas y faire le tri, car tout y passe quant à la télé dramatise souvent pour faire de l'audience.

Nadia
Après tout, la télé nous montre les images qu'elle veut nous faire voir, la radio les paroles qu'elle veut nous faire entendre, la presse écrite les articles qu'elle veut nous faire lire. En fait, les médias empêchent les gens de penser … Moi je ne leur fais pas vraiment confiance …

Céline
Je pense que la télé est moins fiable que les journaux ou même encore que la presse écrite. En effet les journaux télévisés se livrent une veritable guerre pour accrocher le plus d'audience possible. Et cela souvent au détriment de l'info. Quant aux journaux, ils ont des lecteurs plus ciblés et plus fidèles, ils sont donc plus justes et plus honnêtes.

Guylène
Je pense que les moyens de médiatisation sont tous intéressants. Cependant il est vrai que l'on fait plus confiance à la télé. Elle est plus intéressante à regarder car il y a des images tandis qu'avec un journal non seulement nous devons faire notre propre film dans notre tête mais en plus les reporters ont tendance à déformer les dires de ceux qu'ils interrogent.

Anaïs
Pour les infos je regarde le journal télévisé comme la majorité des ados. Cependant pour les grands dossiers politiques ou internationaux je me tourne plus vers la presse écrite car on peut revenir sur l'information et tout y est traité en profondeur. Pour finir je trouve que la presse écrite est plus objective que le journal télévisé car une image peut être interprétée de différentes façons et surtout elle peut être manipulée.

Barbara
Personnellement, j'ai plus confiance en la presse écrite que dans le reste parce que je trouve que la télévision ne montre que ce qu'elle veut nous faire voir et pas le reste. Donc elle ne nous montre pas toute la vérité.

b **Solutions possibles**
1 Barbara **2** Céline **3** Guylène **4** Anaïs
5 Céline **6** Nadia **7** Florence

(7 points)

Page 58

4 L'info et vous

a **Students read a survey about the media and young people.**

b **Solution**
1 vrai
2 faux
3 vrai
4 faux
5 faux

(5 points)

5 Et vous?

Students write a paragraph about their favourite media.

(8 points)

6 Jeu de rôles

Students work in pairs. One student is the parent and one student has to convince her/his father/mother of the use of the Internet.

(10 points)

Page 59

Extra

1 La star de la BBC

a **Students read an article about Jill Dando, a murdered journalist.**

Page 60

b **Solution**
1 g **5** c
2 d **6** e
3 a **7** f
4 b

c **Solution**
1 était **2** tuée **3** a vu **4** a été **5** recherchés
6 faisait

d **Students summarise the text in French.**

2 Revendication serbe

a **Students listen to a news item about the murder.**

> On a renforcé la sécurité à la BBC de Londres après l'assassinat de l'animatrice Jill Dando et les menaces de mort envoyées au directeur de l'information Tony Hall.
>
> Ce dernier fait l'objet d'une protection rapprochée après un appel téléphonique d'un correspondant se disant serbe et qui affirmait être à l'origine du meurtre de Jill Dando.
>
> Cet interlocuteur a affirmé que l'assassinat de la jeune femme, abattue devant son domicile, était une vengeance après le bombardement par l'OTAN du siège de la télévision serbe à Belgrade.
>
> Mais Scotland Yard précise que la «piste serbe» n'est qu'une des hypothèses examinées par les enquêteurs.

b **Solution**
   1 accru
   2 meurtre
   3 présentatrice
   4 adressées
   5 protégé
   6 se disait
   7 tuée
   8 représailles
   9 affirme
   10 étudiée

3 C'est si injuste ...

**Students have to write an interview about the murder.
Students should only attempt this after a thorough exploitation of both the text and listening.**

WORKSHEET

Extra 3

This worksheet could be done at the end of the Extra section.

La liberté de la presse et Internet

1 Solution
a la censure **b** l'Internet **c** la démocratie
d un outil **e** la lutte
These words could be given to the pupils to match the definitions if this exercise is too difficult.

2 Solution
a vrai **b** vrai **c** faux (il est maintenant possible de les joindre) **d** faux (des pétitions apparaissent sur l'Internet sous forme de messages) **e** faux (elle est diffusé) **f** vrai **g** faux (c'est un outil efficace)
h faux (il fournit des informations que l'on ne trouve pas ailleurs)

Culture 3

Exercice 1

Solution
1 enregistrement **2** l'Hexagone **3** américains
4 grafiteurs **5** banlieues **6** exclus **7** album
8 revendicatrice **9** racisme **10** jeunesse

Exercice 2
a Il est originaire du Cameroun.
b Il a commencé à s'intéresser au rap dans les années 90.
c Il a débuté avec *Time Bomb* il y a six ans.
d Il a un album qui va bientôt sortir.
e Il s'inspire des personnes qu'il rencontre et des situations dans lesquelles il se trouve.
f Il écrit la musique d'abord et ensuite le texte. Le texte est alors plus facile à poser.
g La collaboration Ricain / Français est une bonne chose. Le développement du Hip Hop sur le Net est fort.

Exercice 3
While a student does his 'exposé', other students could be asked to take notes about what is being said and contribute positively by asking questions and / or expressing their opinions.

Journalist: Nom, prénom, age.

PIT Baccardi: Secret professionnel.

R: D'où viens-tu?

PIT.B: Je représente les villes où je suis passé, Place des Fêtes-19ème-, Alfortville, etc…, mais je suis originaire du Cameroun.

R: Depuis quand écoutes-tu du rap et quand as-tu décidé de te lancer?

PIT.B: J'ai commencé à écouter du rap au début des années 90 et je me suis mis à écrire quelques rimes pour le plaisir, puis j'ai rencontré les X-MEN et c'est à ce moment que j'ai décidé de me lancer avec Time Bomb.

R: Tes débuts chez Time Bomb?

PIT.B: Tout a commencé il y a six ans quand j'ai signé chez Time Bomb, à l'époque l'écurie a sorti quelques trucs, mais rien qui me fasse penser que j'avais de réelles chances de percer grâce au Label.

R: On peut dire que tu as eu des débuts plutôt mouvementés?

PIT.B: C'est vrai, mais ça t'apprend à faire plus attention à ce que tu fais et où tu mets les pieds.

R: Quels sont tes projets à court terme?

PIT.B: Je suis en train de travailler sur mon album qui sortira en mai-juin. C'est un album qui sera produit par 1ère Classe et par le Secteur A. Je vous dis déjà que ça sera une grosse bombe.

R: Qui vas-tu inviter sur cet album?

PIT.B: Je ne sais pas encore.

R: C'est encore un secret professionnel?

PIT.B: Non, pas du tout, j'ai déjà des idées de collaboration avec des membres du Secteur A et d'autres rappeurs, mais je préfère ne rien dire, vu que rien n'est signé.

R: Où puises-tu ton inspiration?

PIT.B: Tout simplement dans ma vie: des personnes que je rencontre, des situations auxquelles je suis confronté. En fait, je me promène toujours avec un petit carnet, comme ça, dès que j'ai une idée, je la note.

R: Tu construis tes morceaux à partir des textes que tu écris, ou à partir d'un son?

PIT.B: En fait, je préfère construire mes morceaux à partir d'un instrument, c'est plus facile pour poser mes textes. Il me faut maximum deux jours pour écrire un texte.

R: Et que penses-tu des collaborations Ricain-Français?

PIT.B: Je trouve ça plutôt bien, quand ce sont de vraies collaborations.

R: Une dernière question, que penses-tu du développement du Hip Hop sur le Net, et du site en particulier?

PIT.B: C'est fort, continuez l'affaire c'est du bon.

WORKSHEET

Grammaire 3

This worksheet can be given as an assessment at the end of the chapter or each of its grammar exercises can be given separately after each of the grammar points has been explained.

1 Les adjectifs

Solution

impatient	impatiente	impatients	impatientes
tolérant	tolérante	tolérants	tolérantes
travailleur	travailleuse	travailleurs	travailleuses
orgueilleux	orgueilleuse	orgueilleux	orgueilleuses
bon	bonne	bons	bonnes
gentil	gentille	gentils	gentilles
inquiet	inquiète	inquiets	inquiètes
jaloux	jalouse	jaloux	jalouses

2 Traduisez en français

Solution

a Il est sorti il y a deux heures.

b Nous avons acheté (on a acheté) une télévision le mois dernier.

c Le cinéma était très cher. Donc nous n'avons pas acheté (on n'a pas acheté) de popcorns.

d Dans le film, l'acteur était grand et l'actrice était jolie.

e Quand je suis entré(e) dans le cinéma, il faisait nuit.

f Il pleuvait quand je suis sorti(e).

g Quand j'étais plus jeune, j'allais au cinéma tous les mois.

3 Imparfait ou passé composé?

Solution possible

La semaine dernière je suis allée faire des courses. J'ai passé deux heures en ville. Quand je suis rentrée j'étais épuisée. Je me suis alors allongée sur le sofa et j'ai regardé la télévision. Il y avait un film génial. C'était l'histoire tragique d'un jeune couple. Il était beau mais juif. Le père de la jeune fille ne voulait pas du mariage et la fin était très triste. Ils se sont suicidés tous les deux. J'ai beaucoup pleuré.

4 Le passif

a **Solution**
1 est interviewé par la brigade criminelle
2 sont annulés
3 est rétablie
4 est bien connu

b **Solution**
1 a été impliquée
2 ont été tués
3 a été écrite
4 a été vendue

Chapitre 4: Quel beau pays!

Pages	Thèmes	Grammaire	Compétences	Techniques	Recherche sur Internet
62–66 Départ	Les vacances	Révision du présent, du passé composé et de l'imparfait Le comparatif et le superlatif Les adverbes	Traduire en français Les synonymes Ecrire une lettre formelle pour se plaindre		
67–76 Progression	Un département de France: les Hautes-Alpes • Description • Deux villes des Hautes-Alpes • Une station de ski • Les loisirs • Les avalanches	Le futur Le conditionnel Il est / c'est	Faire une brochure Comparer et contraster Identifier des mots individuels à l'écoute Lire un texte plus long et plus difficile Parler plus longuement		www.tourisme.fr/gap www.alsapresse.com www.provenceweb.fr
77–78 Révision	Le Queyras Accidents de montagne Portrait de deux alpinistes	Révision des verbes vus jusqu'à présent	Préparation à l'examen		www.queyras.com
79–80 Extra	Portrait d'un berger des Hautes-Alpes Rencontre: extrait du livre de Michel Tournier – *La goutte d'or*	Inversion after speech	Répondre aux questions en français		

Départ

Page 62

1 Les vacances

In the next few pages, students will have to use a lot of previously acquired language.

a **Students listen to four young people talking about holidays and take notes before recording a dialogue.**

Dis-moi, Christine, pour toi, qu'est-ce que c'est les vacances?

1
Euh, pour moi, ce qui est important c'est d'abord de ne rien faire. Ensuite, il me faut le bord de mer, le soleil, le sable fin. Bref, la chaleur. Cet été, je suis partie un mois en Corse. J'ai des amis là-bas et je suis partie avec mes parents et mes deux chiens. Nous sommes restés chez mes amis. Nous avons profité de la mer et de la plage au maximum. C'était super. Je ne connaissais pas la Corse mais j'avoue que ça m'a bien plu.

Et toi, Marc, ça signifie quoi les vacances?

2
Moi, ce que j'aime, c'est partir à l'étranger. Pendant les grandes vacances, je suis parti avec une bande de copains dans le royaume de sa gracieuse majesté et je me suis bien amusé. Je me suis fait beaucoup de copains et j'ai visité pas mal de monuments que je ne connaissais pas. Mais ce n'était pas première visite, j'y vais régulièrement. Cette fois-ci, j'étais dans la région de Londres dans une famille.

Et toi, Laurent?

3
Moi, j'aime l'activité et je m'ennuie facilement. La marche, ça maintient en forme et ça ne revient pas cher, surtout quand on est étudiant. D'autre part, la campagne ça permet de faire le point et j'ai horreur des grandes villes. Cette année, je suis allé avec une bande de copains dans le Jura. C'est une région montagneuse où on peut faire de grandes randonnées … ce qui est super.

Et toi, Amandine, quelles sont tes vacances de rêve?

4
Moi, dès que je peux, je pars dans les Alpes. Ma passion, c'est l'escalade. Mon père était guide de haute montagne et il m'a transmis sa passion. Je suis partie avec lui. Ce que j'aime c'est me dépasser, aller toujours plus loin. Quand on arrive en haut, on a l'impression d'avoir réussi quelque chose. Il y a des risques, bien sûr, mais on y pense pas.

b **Encourage the students to correct the wrong statements.**
More able students: **They could reply in full sentences and be more adventurous with the language.**

Solution
1 vrai **2** vrai **3** faux (en Corse) **4** vrai **5** vrai
6 faux (il aime voyager / ce qu'il aime, c'est partir à l'étranger) **7** vrai **8** faux (dans une famille)
9 vrai **10** vrai **11** vrai **12** vrai **13** faux (il y en a mais on n'y pense pas)

2 Les vacances idéales

Tell the students the order in which the questions are asked are not too important as long as they answer the right question with the right answer.

Possible solution
1 1 g 2 f 3 j 4 d 5 b 6 i 7 e 8 h 9 c 10 a
2 1 f 2 a 3 e 4 c 5 d 6 b
3 1 b 2 g 3 f 4 a 5 d 6 h 7 c 8 e
4 1 f 2 a 3 c 4 e 5 d 6 b

3 Jeu de rôles: vos vacances

Less able students: **they could practise the example several times. They could then use it as a framework to make their own dialogue.**
More able students: **they could be more adventurous with the language and they should be encouraged to be more creative.**

Page 63

4 Leurs vacances préférées

Students read four extracts of a French magazine in which four celebrities say what holidays mean for them. Students need to be told that they will not understand every single word but that it does not matter as long as they understand the gist.

Teachers might want to spend time on the strategy box and give other examples to students of words that sound the same but have a different meaning. What they hear is not always what they understand although if they saw the written version they would understand. In the previous listening 'je me suis amusé' was heard as 'musée' and a student wrote museum under activities. Tell the students that this is normal and that they will improve with practice.

a **Solution**
1 Marie-France (D)
2 Arielle (A)
3 Olivia (C)

4 Noëlle (B)
5 Marie-France (D)
6 Olivia (C)
7 Arielle (A)
8 Noëlle (B)

b *Less able students*: **Teachers might want to give the sentences with words in the wrong order for students to unravel.**

e.g. **a** Moi vacances monde dans trop c'est endroit il de pour un les a où n'y idéales pas rester.

Solution

a Pour moi, les vacances idéales c'est rester (est de rester) dans un endroit où il n'y a pas trop de monde (la foule n'est pas).

b Ce que je veux, c'est rompre avec la routine quotidienne.

c La chose principale est de pouvoir (c'est pouvoir) faire ce que je veux, quand je veux.

Page 64

d Ce que j'aime surtout pendant les vacances est me lever (c'est me lever) quand je veux.

e Pendant les vacances, j'ai besoin de me détendre et de passer plus de temps avec les gens que j'aime.

f Quand je pars (vais) en vacances, j'amène (je prends / j'apporte) toujours des livres avec moi.

g Les vacances c'est aussi prendre le temps de rêver et de penser.

5 Les vacances, quel boulot!

Students read a text about holidays and the problems linked to holidays.

a **Solution**
congé → vacances, repos
relaxation → détente, délassement
aller → se rendre à, partir
boulot → travail, emploi
épuiser → fatiguer, être à bout

b This exercise introduces work on comparatives and superlatives.

Solution
1 plus simple
2 la plus belle expérience
3 plus pareil (trick! not a superlative. Teachers could draw attention to their students.)

4 beaucoup plus compliqué
5 la plus fatigante
6 la plus épuisante
7 la plus stressante du monde
8 le plus simple
9 la pire folie
10 ce que je redoute le plus

Page 65

Grammaire

Comparatives and superlatives

Exercice 1
Students make sentences using comparatives.

Exercice 2

Solution
1 plus vite qu'
2 plus reposantes que
3 moins chères que
4 les plus chères
5 le mieux
6 le plus haut

6 Stations des Alpes du Sud

a **Students read two extracts from a brochure.**

b **Reinforcement on comparatives and superlatives.**

Solution
2 le plus grand lac
3 du plus haut niveau
4 les plus forts
5 le plus haut d'Europe
6 plus récente que
7 plus moderne que
8 moins élevée que
9 moins intéressante
10 un des meilleurs
11 beaucoup plus ensoleillé

Worksheet Depart 4 could be done at this point.

Page 66

7 Quel désastre!

Students listen to somebody speaking about his disastrous holiday.

> Monsieur Clément: Alors, nous, nous avons passé les vacances dans la Dordogne dans un gîte. Nous y pensions depuis longtemps et puis enfin le moment est arrivé. Après un voyage d'une journée, nous sommes enfin arrivés à destination. Malheureusement, ces vacances n'allaient pas être les vacances que nous espérions. Tout d'abord les couverts: il n'y avait que cinq couteaux et cinq fourchettes … pas de cuillères de service … et les casseroles? Deux! Pour une famille nombreuse! L'agence devait aussi nous fournir la literie c'est à dire les draps, les oreillers, etc … Eh bien non il n'y en avait pas. Nous avons dû sortir le lendemain pour en acheter. Et la piscine! Très belle d'après la brochure. Malheureusement, en réalité, à peine un bassin pour se tremper les pieds. Et les meubles? Pratiquement pas ou très peu, pas suffisamment de chaises. Les vacances de rêve se sont transformées en cauchemar et en fait nous avons écourté notre séjour et j'ai envoyé immédiatement après notre retour une lettre de plainte à l'agence.

a **This exercise introduces the work on adverbs. A language laboratory would be ideal. Otherwise teachers could use the pause button.**
Warn the students that what is printed in the book is not what they will hear but a summary. Tell them that they will not need all the adverbs but to check the meaning of all of them.

Solution
1 longtemps
2 enfin
3 malheureusement

4 que
5 contrairement
6 pratiquement
7 suffisamment
8 immédiatement

Grammaire

Adverbs

Exercice 1
doucement → doux   malheureusement → malheureux
contrairement → contraire   follement → fou
(**longtemps** does not come from an adjective)
seulement → seul   constamment → constant
suffisamment → suffisant   (**enfin** does not come from an adjective)   pratiquement → pratique

Exercice 2
général, générale, généralement
attentif, attentive, attentivement
heureux, heureuse, heureusement
doux, douce, doucement
net, nette, nettement
naturel, naturelle, naturellement
fou, folle, follement

8 La plainte

Encourage the students to use previous material. *Differentiation*: **the length of the letter will differentiate between the students.**

Worksheet Progression 4 (a) could be done at this point.

WORKSHEET

Départ 4

This worksheet could be done after exercise six in the basic section.

Lecture
Texte A   Solution   **1** a   **2** b   **3** a   **4** b
Texte B   Solution   **1** faux   **2** vrai   **3** vrai   **4** vrai
                       5 faux   **6** faux

Texte C   Students could be asked to read the text carefully and answer the questions from memory without looking at the text.

Solution
1 de 6 à 14 ans.
2 Non. C'est fermé le samedi après-midi et le dimanche.
3 L'escalade, les activités nautiques, camper, les promenades, les jeux et fêtes.
4 Ils peuvent faire des mobiles, des cartes et autres objets.

Page 67

Progression

1 Les Hautes-Alpes

This is an introduction to a very touristic area of France. This might be of a particular interest to students who as part of their course have to study a region of France.

> **A few facts for teachers to give their students:**
> **Le saviez-vous?** Contrairement à ce que leur nom indique, les Hautes-Alpes ne sont pas les plus hautes de la chaîne des Alpes en France. C'est en effet en Savoie qu'il faut chercher les plus hauts sommets (le mont Blanc à 4807 mètres).
> Pourquoi ce nom alors? Simplement parce que lors de la création des départements par l'Assemblée nationale constituante, la Savoie était italienne.

This page could be used for oral work with teachers asking their students questions in French or true/false statements.

a   Avez-vous compris?

Solution
1   Quality of life: number 1 county.
2   Not a lot of people for its area.
3   No, not too many.
4   Tourism.
5   The biggest artificial lake in Europe.
6   North east of Provence.
7   735 m. high. The highest prefecture in Europe. 36 000 inhabitants. Lots of sports.
8   Columns made of stones with a rock on the top (hence the name) which protects them from erosion.
9   Chamois, marmot, eagles and white hares.

Page 68

2 Les villes

a   Students read two texts on the two main towns of the Hautes-Alpes: Gap and Briançon.
Less able students: **They should be told that if they don't understand it does not matter. They should still be able to do exercise b.**
More able students: **They should be encouraged to look up new words and build up a file where words are grouped: same family, linking words, topics …**

b   Solution
2   Briançon   3   Briançon   4   Gap   5   Gap et Briançon
6   Briançon   7   Briançon

Page 69

c   Solution
1   f
2   e
3   a
4   h
5   b
6   c
7   d
8   g

Grammaire

The future

Exercice 1
1   Il parlera.   2   Ils découvriront.   3   Tu prendras.
4   Vous aurez.   5   Je pourrai.   6   Elles feront.
7   On verra.   8   Elle permettra.

Exercice 2
1   S'il se rend, il verra.   2   Quand elle ira, elle dépensera.   3   Si tu choisis, tu ne seras pas.
4   Quand elles partiront, elles iront.   5   Si on va, on pourra.   6   Quand tu rentreras, on fera.

Page 70

3 Un Haut-Alpin vous parle

Students listen to an inhabitant speaking about his area.

> **Interviewer**: D'abord, Angel Amar, est-ce qu'il y a longtemps que vous habitez dans cette région?
>
> **Angel**: Et bien, je suis né dans cette belle région que sont les Hautes-Alpes et j'y suis resté jusqu'à l'âge de 20 ans et puis, ensuite je suis parti en Afrique du Nord où j'ai habité jusqu'à l'indépendance.
>
> **Interviewer:** Est-ce que vous pouvez nous parler de la vie dans les Hautes-Alpes? Est-ce qu'elle a changé? C'était comment quand vous aviez 20 ans?

Angel: Ah oui. La vie a énormément changé. Autrefois, n'est-ce pas, c'était un département rural. Beaucoup de gens travaillaient à la campagne. Maintenant à la campagne le petit paysan disparaît. Il y a de moins en moins d'exploitations agricoles. Beaucoup de gens s'en vont pour aller habiter en ville.

Interviewer: Et la vie dans les Hautes-Alpes? Il paraît que c'est un des départements où on y vit le mieux?

Angel: Eh bien, oui, au point de vue soleil, on est tranquille ici ... 300 jours de soleil par an ... Les touristes aiment bien venir ici car il n'y a pas d'industrie, pas de pollution. Ils apprécient toutes les possibilités de sport. On fait du ski dès le mois de décembre pour ceux qui sont amateurs. On peut faire du golf, tous les sports d'eau vive ... .

Interviewer: C'est un département très touristique. Mais quels sont les effets du tourisme sur l'environnement?

Angel: L'été, la montagne est énormément fréquenté, alors, vous voyez, il y a pas mal de déchets laissés derrière ... mais les montagnards ne disent trop rien car c'est vrai que le tourisme d'hiver a permis aux gens de rester à la montagne, ça donne du travail ... les moniteurs, les perchman, enfin tous ceux qui travaillent dans les hôtels ... Et puis on a le lac de Savines qui permet de faire de la planche à voile et ils sont polyvalents, donc ils sont moniteurs de planche à voile en été ou bien guides de haute montagne. Le tourisme a donné un nouvel essor à la région.

Interviewer: Ces jeunes qui quittent la campagne pour venir en ville, quel est leur avenir?

Angel: Ils rentrent dans l'administration, dans les grandes surfaces ou alors ils s'expatrient. Il y en a un peu partout en France.

a Solution
1 Angel Amar
2 Hautes-Alpes
3 North Africa
4 It was agricultural. A lot of people worked in the country. Now there are fewer little farms. People, especially the young, leave to live in town.
5 Sun. No industry. No pollution. Sports: skiing, golf, water sports
6 Positives: Work for the locals who work in winter in resorts as skiing instructors or ski lift attendants or in hotels and in the summer as wind surfing instructors or guides.
Negatives: Leave mess behind them.
7 Work in offices, supermarkets or leave the area.

b Solution
4 6 3 5 7 2 1

c Reinforcement on the future tense

La vie sera complètement différente. Ce département n'aura pratiquement plus d'exploitations agricoles. Beaucoup de gens quitteront la campagne. Ou alors il y aura de grands domaines et le petit paysan disparaîtra. Les gens iront travailler en ville. En ville, il n'y aura plus de petits commerces. De grands centres commerciaux s'implanteront et ce sera la fin des petites boutiques. Il y aura encore moins de pollution car toutes les voitures seront électriques.

Solution
1 sera   2 aura   3 quitteront   4 aura
5 disparaîtra   6 iront   7 aura   8 s'implanteront
9 sera   10 aura   11 seront

4 Une brochure

Students have to write a brochure. Encourage them to use vocabulary and structures so far encountered. They could also be encouraged to use the computer and the Internet.
Differentiation: **The length of the brochure will differentiate the pupils.**

Page 71

5 Une station de ski: Vars

a **Students read about a ski resort being advertised.**

Page 72

b **Solution**
b   c   d   e   f   i

c **Solution**
1 vrai   2 faux   3 faux   4 vrai   5 faux   6 faux
7 vrai

6 Radio Hautes-Alpes

Students prepare and broadcast a radio programme to advertise the Hautes-Alpes. Encourage them to use vocabulary and structures used so far. A language laboratory would be ideal for this.
Less able students: **they could concentrate on the examples and the verbs given in the book while** *more able students* **could be more adventurous with the language and use different verbs.**

The third worksheet could be done at this point.

7 Les vacances de Sylvain et de Laure

Two teenagers discuss their holiday plans.

> **Sylvain**: Vive les vacances mais moi je serai vraiment en vacances à partir du 15 juillet car jusqu'à là je vais aller cueillir les fraises pour me faire un peu d'argent. Et à partir du 15, Bayard tous les jours. Je suis un fervent de golf et j'irai m'entraîner. Il y a un golf de 18 trous très bien entretenu, 'greens' et 'fairways' de qualité exceptionnelle, panorama de toute beauté. On est une bande de copains et on y jouera tous les jours. Et en plus de l'exercice on respirera du bon air. Et toi tu as des projets?
>
> **Laure**: Je n'ai jamais essayé le golf mais je dois dire que cela ne me tente pas. Par contre la montagne, oui! Tout le mois de juillet, je travaille dans un bar mais après j'irai sans doute faire de l'escalade sur les falaises de Céüse. J'en profiterai aussi pour faire des randonnées pédestres. Il y a l'embarras du choix! Et j'essaierai peut-être le canyoning. Je n'en ai jamais fait mais ça me tente bien.

a Encourage the students to correct the wrong statements.

Solution
2 vrai **3** vrai **4** faux (c'est un golf de 18 trous)
5 faux (cela ne la tente pas) **6** vrai

b **Solution**
2 Je vais aller ramasser les fraises.
3 J'irai m'entraîner.
4 Nous y monterons tous les jours.
5 Tu as des projets?
6 J'irai faire de l'escalade sur les falaises de Céüse.
7 J'essaierai peut-être le canyoning.

Page 73

8 Deux alpinistes tués

Students read a newspaper article.

a **Solution**
1 f **2** c **3** a **4** h **5** i **6** e

b **Solution**
1 b **2** a **3** a **4** b **5** a **6** a

Page 74

The conditional

Exercice 1
1 d **2** f **3** b **4** c

Exercice 2
1 j'utiliserais **2** je me servirais **3** j'enverrais
4 je lirais et j'essaierais **5** je mettrais **6** je ferais
7 je crierais **8** je monterais **9** je mangerais

9 Conseils aux alpinistes

Students listen to an experienced alpinist who advises other alpinists.

> **Journaliste**: La montagne a-t-elle changé?
>
> **Alpiniste**: Oui, mais si aujourd'hui des alpinistes me questionnaient, je leur donnerais les mêmes conseils que ceux que je prodiguais voici vingt ans. Si les gens étaient plus prudents, il y aurait moins d'accidents et s'il se renseignaient avant de partir en courses il y aurait moins de surprises. Les gens devraient se rendre compte des dangers que présente la montagne. La montagne devrait être synonyme de danger. De plus il faudrait qu'ils ne s'aventurent pas seuls.
>
> Nous avons, ici, à Chamonix, une maison de la montagne où, en dehors du bureau des guides, ils pourraient trouver tous les renseignements qu'ils veulent.
>
> **Journaliste**: Quel conseil est-ce que les débutants devraient suivre?
>
> **Alpiniste**: Ils devraient être bien équipés et bien encadrés. Il faudrait qu'ils commencent par des courses assez faciles. Il serait aussi préférable de ne pas présumer de ses forces et d'être réaliste.
>
> **Journaliste**: Et le matériel?
>
> **Alpiniste**: Il a fait de très gros progrès. Ultraléger, au regard des services qu'il rend, et très varié. Cela n'était pas le cas naguère. Aujourd'hui de ce point de vue, les jeunes ont bien de la chance.

Solution
1 demandaient **2** donnerait **3** donnait **4** étaient
5 aurait **6** documentaient **7** aurait **8** devraient
9 faudrait **10** devraient **11** pourraient
12 progressé

10 La montagne meurtrie

Students read a magazine article about an avalanche. It is a longer and more difficult text.

page 76

Students are given advice on how to tackle a longer and more difficult text. Students should be encouraged to follow this advice every time they read a more complex text.

e 1 Will drastic measures have to be introduced in mountain areas?
2 About 10 people were caught in an avalanche.
3 Four others were killed while skiing off piste.
4 He is a mountain rescuer.
5 An avalanche creates the same amount of chaos as an earthquake. The only difference is that there are about 10 metres of snow on top of you.
6 It had snowed the whole week. And as a result there was a lot of fresh snow.
7 To forbid any building on the area.
8 He has forbidden any skiing off piste for at least a week.

11 Est-ce juste?

Students prepare a talk: should rescue worker's life be endangered by alpinists? Before the talk, encourage the students to go through previous work and to listen to the following dialogues several times.

> **Journaliste:** Faut-il tout réglementer en montagne? C'est la question que j'ai posée à ces jeunes montagnards.
>
> Ce n'est pas toujours la faute des imprudents. Dans certains cas, oui, c'est dû à un manque de préparation, du mauvais matériel mais c'est pas toujours le cas. Prenez ces deux gendarmes-guides qui s'entraînaient et qui ont été emportés par une coulée de neige: c'était une ascension classique et des alpinistes de grande valeur. C'est simplement dû à la fatalité.
>
> Oui d'accord, mais dans la plupart des cas, les gens prennent des risques excessifs. Ils manquent de vigilance. Nous, on la connaît bien cette montagne, mais il y a beaucoup de jeunes qui ne sont pas d'ici et qui rêvent de belles ascensions. Ils se lancent dans des courses difficiles trop rapidement. Je pense même qu'il pourrait y avoir plus d'accidents quand je vois ce qui se passe.

> Il faut aussi demander conseils aux gens plus expérimentés et surtout respecter les règles. Ces derniers temps, il a beaucoup neigé et ensuite on a connu la grosse chaleur. Donc il faut prendre certaines précautions. Il faut notamment partir tôt. Et ce n'est pas juste si à cause de ces imprudences les sauveteurs, souvent mariés et père de famille, risquent leur vie …

Révision

1 Opinions

b **Solution**
   1 a   2 c   3 a   4 a   5 a

(5 points)

c **At this stage equal weighting could be given to quality of language and content**

(5 points each)

2 Accident de montagne

a **Students listen to a news flash.**

> Une cordée a été précipitée dans des crevasses par une couche de neige fraîche, hier dans le massif des Ecrins.
>
> Quatre alpinistes sont morts et cinq autres blessés après avoir été précipités dans des crevasses par le glissement d'une couche de neige fraîche. L'accident s'est produit vers 8h30 à une altitude d'environ 3 600 mètres. La cordée, huit personnes et un guide, progressait sous la barre des Ecrins pour gagner le sommet. La neige qui est tombée une bonne partie de la journée de samedi avait recouvert par endroits des plaques de neige gelées. Emportés par la coulée, les alpinistes ont été précipités dans deux crevasses où ils se sont retrouvés ensevelis sous la neige. Les secours ont été prévenus par un guide qui se trouvait sur les lieux. Les quatre alpinistes tués sont deux agents âgés de 39 ans de la centrale nucléaire de Creys-Malville, un habitant du Gard de 27 ans et une femme de 26 ans des Bouches-du-Rhône. Les blessés, parmi lesquels se trouve le guide, ont été transportés à l'hôpital de Briançon

de même que les corps des victimes. Ils souffrent d'hypothermie et des fractures diverses mais leurs jours ne sont pas considérés comme étant en danger. Un arrêté préfectoral interdit à quiconque de partir en montagne à cause de la neige qui tombe toujours et des risques d'avalanches.

b Solution
1 j **2** f **3** a **4** b **5** i **6** c **7** d
8 e **9** h **10** g

(10 points)

c The students summarise the passage in French.

(10 points)

3 Portrait de deux alpinistes

Students read a text on two famous alpinists.

b Solution
1 vrai **2** faux **3** vrai **4** vrai **5** faux
6 vrai **7** vrai

(7 points)

WORKSHEET

Progression 4a

This worksheet could be done at the end of the basic section or the beginning of the core section.

1a tourner au cauchemar
désamorcer
le séjour reviendra moins cher
on a beau être les meilleurs amis
qui mettent le feu aux poudres
en ce qui concerne les dépenses

b Les enfants ont des copains, le mari quelqu'un avec qui jouer au tennis et c'est plus économique.
Les enfants à cause de leur spontanéité, les dépenses et le partage de shampoing et autres produits par la communauté, le partage des tâches domestiques.
Exprimez ce que vous ressentez et isolez-vous.

Progression 4b

This worksheet could be done after exercise 5 in the core section.
Interview avec Marie-Claire, employée au syndicat d'initiative de Gap.

Le tourisme dans les Hautes-Alpes

Dans les Hautes-Alpes on peut dire qu' il y a deux périodes intéressantes au niveau du tourisme: la période d'hiver qui s'échelonne du 15 décembre à peu près jusqu'au 15 mars. Il y a ensuite une deuxième période estivale qui va donc du premier juillet au 31 août à peu près quoi. C'est deux tourismes complètement différents avec des populations totalement différentes.

Le tourisme d'hiver c'est un tourisme qui touche essentiellement les stations de ski donc qui est très localisé dans le département. Je veux parler des stations du nord du département. Les plus grosses stations sont localisées dans le nord du département près de Briançon. Il s'agit de Serre-Chevalier et Vars entre autres. Ces stations amènent une clientèle qui vient de la région PACAC: Provence, Alpes, Côte d'Azur, Corse et c'est une clientèle plus fortunée que la clientèle estivale. C'est un tourisme un peu moins populaire que le tourisme estival. C'est un tourisme qui est très concentré sur le week-end et très dépendant de la période scolaire, des vacances scolaires quoi. Ce qui fait la qualité du tourisme dans les Hautes-Alpes au niveau hivernal c'est justement une météo qui est en général excellente. Le soleil est toujours présent et il y a une qualité de neige qui reste malgré tout très très bonne par rapport aux stations qui sont plus méridionales: les stations des Alpes Maritimes par exemple jouissent en général d'un bon enneigement mais d'une qualité de neige qui est moins intéressante.

1 Solution
1 intéressantes **2** s'échelonne **3** estivale
4 complètement **5** totalement **6** essentiellement
7 les plus grosses **8** plus fortunée que **9** hivernal
10 malgré tout **11** méridionales **12** jouissent
13 enneigement

2 Solution
a 3
b 4
c 1
d 5
e 2

Extra

Page 79

1 Berger extraordinaire

a Students read an interview.

b Solution
1 Il est à la retraite. Il était berger.
2 Il a été berger pendant 50 ans.
3 Il aime se retrouver seul avec ses bêtes.
4 Il devait tondre et traiter la laine
5 Les problèmes qu'il a pu rencontrer sont: l'orage, le tonnerre et la foudre.
6 Il aimait particulièrement lorsque les bêtes le reconnaissaient et venaient lui lécher les mains.
7 Non, il n'en changerait pas parce qu'il a la passion des bêtes et il adore les Hautes-Alpes au lever du soleil.

Page 80

2 Rencontre

a Students read an extract from *La goutte d'or* by Michel Tournier.

b Students could be given this task for homework.

c Solution
1 a
2 b
3 c
4 a

d 🔊

> Le train arrivait à Amiens. Le paysage de Picardie défilait devant les yeux d'Idriss. Idriss voyait de la lavande et des oliviers par la fenêtre du train. Il voyait aussi les cyprès dont la fonction pricipale est de protéger les cultures de la tramontane, le vent qui souffle en Provence. Arrivé à Valence, Philippe se sent dans un autre pays. Philippe est né à Paris mais a grandi à Amiens.

Solution
Valence   le paysage provençal
les cultures du Mistral
il est né à Amiens mais a grandi à Paris

WORKSHEET

Extra 4

This worksheet could be done at the end of the unit.

Interview avec Jean-Claude Giraud-Moine

Interviewer
Jean-Claude, parlez-nous un peu de vous.

Jean-Claude
Je suis Haut-Alpin d'origine et je suis très attaché à cette région. Jusqu'à l'année dernière, je m'occupais d'une salle de gym mais maintenant avec la quarantaine qui approche, j'ai envie de faire autre chose.

Et ce qui m'intéresse, c'est le tourisme d'été à travers le développement d'une structure autour d'un pôle très fort dans les Hautes-Alpes qui est le bassin de l'Embrunais et notament les rives du Lac de Serre-Ponçon. Le lac de Serre-Ponçon, eh, c'est la plus grande retenue artificielle d'Europe et ses rives sont relativement peu aménagées. Donc j'ai pour projet de favoriser l'aménagement d'un gîte d'étape et de séjour. C'est un peu une innovation dans la mesure où ces chalets vont être configurés comme chalets loisirs des Gîtes de France. C'est une formule qui permet de pouvoir travailler avec des clientèles un petit peu différentes. Si ce projet se réalise, on pourra accueillir à la fois des groupes et des gens seuls parce que les gens peuvent dans ces petits chalets se retrouver complètement autonomes, indépendants quoi. C'est intéressant de ce point de vue. Et à côté de ce gîte d'étape on developperait des animations sportives, notamment il y aurait une base nautique, également une société multi-activités – on appelle ça comme ça – c'est une société avec des accompagnateurs de moyenne montagne pour permettre de développer des activités – des randonnés en VTT, des randonnées à pied, de la nage en eau vive, des activités dites «natures». C'est un projet qui emporte l'adhésion sur le plan politique et sur le plan local. Tout le monde est favorable à l'émergence d'un projet comme ça. Malheureusement, il y a un problème administratif à savoir qu'un certain nombre de lois, des lois qui visent à protéger l'environnement, réglementant

l'urbanisme font qu'il est très difficile de pouvoir aménager le bord du lac. Pour ne citer que quelques lois, il y a la loi dite «littorale»: elle empêche le bétonnage des rives de la Méditerranée mais aussi des lacs intérieurs, la loi montagne, la loi sur les sites classés. Il y a tellement de contraintes que finalement il s'avère qu'on ne peut presque plus rien faire. Alors les investisseurs comme moi et les responsables des communes se retrouvent dans l'impossibilité de pouvoir développer un site et il devient urgent maintenant que l'administration se penche sur le problème et essaie de trouver des solutions. Surtout dans le département on se retrouve complètement bloqué. J'espère que la situation évoluera rapidement et favorablement et que je pourrai faire démarrer le projet dont je viens de parler.

Solutions possibles
Jean-Claude a décidé de changer de métier parce qu'il va avoir quarante ans.

Il s'intéresse au tourisme estival. Les rives du lac de Serre-Ponçon attirent les touristes et ne sont pas beaucoup aménagées. Jean-Claude a l'intention d'aménager un gîte d'étape et de séjour. Dans ces chalets, on pourra accueillir soit des groupes soit des personnes seules. L'avantage de ces chalets sera que les gens pourront être indépendants, autonomes. On développera aussi des animations sportives avec une base nautique. Une société multi-activités c'est une société qui emploie des accompagnateurs pour encadrer toutes sortes d'activités. Les activités qui seront offertes iront des randonnées en VTT en passant par les randonnées à pied et par la nage en eau vive. Les hommes politiques et les élus locaux sont favorables à ce projet parce que cela attirera beaucoup de touristes, développera le tourisme et créera des emplois. Mais l'administration n'est pas favorable à ce projet à cause de certaines lois. A l'heure actuelle, il est difficile d'aménager le bord du lac parce que ces lois protègent l'environnement et règlementent l'urbanisme. La loi littorale est une loi qui empêche le bétonnage des rives de la Méditerranée et de celles du lac. Il y a beaucoup de contraintes, ce qui fait que les investisseurs et les communes ne peuvent rien faire et ne peuvent développer aucun site. Il est indispensable de trouver des solutions. Jean-Claude espère que la situation évoluera et qu'il pourra démarrer son projet.

WORKSHEET

Culture 4

Exercice 1

Solution
7 1 6 2 5 3 4 8

Exercice 2 b

Solution
1 Plums, grapes, cherries, apples and pears.
2 Name of a pear which the king François I tasted when in the area. He named it like this because he did not remember its name.
3 Names of pears: Sarteau for jam and Martin Sec for cooking.
4 The pears are crushed, put in big containers to ferment and then in large vats. Next stage will be condensation.
5 He watches the temperature, increases and decreases the pressure.
6 Used for flavouring sorbets and iced fruits, in fruit salads, custard and sponge cakes. A drop can also be added to your cup of tea!

Exercice 3
While a student does his 'exposé', other students could be asked to take notes about what is being said and contribute positively by asking questions and / or expressing their opinions.

Students could also be asked to look for other recipes and try them out for homework. A tasting session could then be organised with prices!

Je vais vous donner la recette des tourtons du Champsaur. Il vous faudra un kilo de farine, 200 grammes de margarine, un demi verre d'huile, deux ou trois œufs et du sel. Il vous faudra aussi des pommes de terre et un poireau.

1 Vous pétrirez tous ces ingrédients.

2 Vous laisserez ensuite reposer la pâte toute la nuit.

3 Le lendemain, vous préparerez une purée dans laquelle un blanc de poireau revenu dans du beurre sera incorporé.

4 Vous étalerez la pâte le plus finement possible.

5 Vous poserez des mottes de purée que vous recouvrirez de pâte.

6 Vous découperez les tourtons à l'aide d'une roulette.

7 La cuisson des tourtons s'effectuera dans une huile très chaude.

8 L'accompagnement des tourtons est une bonne salade verte aillée.

Et bon appétit!

Grammaire 4

This part of the worksheet could be done at the end of the unit as a grammar assessment or as the grammar points arise.

1 **Solution**
b 1 étais, ferais
   2 arrêtait, aurait pas
   3 choisissait, devrait
   4 aviez, prêterais
   5 décidaient, irais
   6 te levais, pourrais

2 **Solution**
   1 je m'adonnerai / vais m'adonner
   2 il y a eu une avalanche qui a fait
   3 j'étais, je rêvais, je travaillerai / vais travailler
   4 nous faisions, un gros orage a éclaté
   5 un alpiniste a dévissé, s'est tué
   6 il y avait, il y aurait
   7 les villageois faisaient leur pain
   8 j'irai
   9 Le Queyras est
   10 je me suis amusé(e), j'ai pu

Chapitre 5: Apprendre pour la vie

Pages	Thèmes	Grammaire	Compétences	Techniques	Recherche sur Internet
82–86 Départ	Le système d'éducation en France L'école primaire Le premier jour Les professeurs	Révision du passé composé et de l'imparfait Introduction au subjonctif	Choisir entre le passé composé et l'imparfait Utiliser le téléphone Exprimer des sentiments Faire une comparaison Ecrire une lettre	ICT	www.yahoo.fr
87–96 Progression	La réussite scolaire La vie d'étudiant et le stress Etudier les langues Etudier à l'étranger Les soucis des lycéens Choisir un métier Chercher du travail (CV)	L'impératif Le subjonctif (présent) Le subjonctif (passé composé) Tu / vous	Assister à une discussion Donner une instruction Faire de la publicité Préparer un CV Ecrire une lettre formelle Exprimer des idées plus abstraites (subjonctif)	Communication ICT	www.phosphore.com
97–98 Révision	Les professeurs de sport		Préparation à l'examen		
99–100 Extra	La technologie et l'éducation Travailler dans l'informatique L'avenir		Discuter des innovations Assister à un débat	Communication ICT	www.yahoo.fr

Départ

Page 82

The *Départ* section of this unit aims to revise and extend students' knowledge of vocabulary and structures pertinent to the theme of education.

1 L'éducation des jeunes Français

Students listen to description of French school system on cassette. Could follow on from brainstorming of existing knowledge of the system from personal experience.

Interviewer: Jean-François, vous êtes responsable de la formation des professeurs dans la région nantaise. Pouvez-vous nous expliquer brièvement le système d'éducation en France actuellement?

Jean-François: Eh bien, commençons avec les touts petits. Les petits Français commencent leur vie scolaire en général à trois ans à l'école maternelle. Ils y restent deux ou trois ans avant de passer à l'école primaire. Les collèges accueillent les classes de la sixième à la troisième, soit des jeunes de 11 à 15 ans. Donc, en général, les élèves passent trois, non, quatre ans au collège, la sixième, cinquième, quatrième et troisième. Il y a un Brevet d'Enseignement Secondaire, une sorte de contrôle des matières principales que l'on passe avant de finir les études au collège. L'orientation est très importante pendant la dernière partie de cet étape. Les élèves doivent choisir une voie ou l'autre jusqu'au niveau du bac.

Les lycéens ont généralement entre 15 et 16 ans au début et cette étape est divisée en trois parties, c'est-à-dire les trois classes de la Seconde, la Première et la Terminale, généralement entre 17 et 18 ans.

Interviewer: Et le bac?

Jean-François: Le Baccalauréat sanctionne la fin des études secondaire. Son obtention est indispensable à l'entrée à l'université. Si l'on échoue, une seconde année de Terminale doit être effectuée et l'examen repassée.

Interviewer: Est-ce qu'on ne passe le bac qu'en terminale?

Jean-François: Non, pas du tout. La première partie du bac a lieu à la fin de la Première mais la seule matière examinée est le français. L'examen est composé de deux parties, une orale, l'autre écrite. En Terminale, les cours de français sont facultatifs. Les notes obtenues à l'examen de la Première comptent pour la deuxième partie. Pour le bac, toutes les matières étudiées pendant l'année doivent être passées à l'examen.

Interviewer: Quelles sont les matières étudiées?

Jean-François: Pour les scientifiques il y a le bac S, le bac L est pour les littéraires et puis le bac technique … Comme ça les élèves consacrent plus de temps aux matières qui les intéressent le plus.

Interviewer: Et, les langues étrangères?

Jean-François: En France, deux langues sont obligatoires jusqu'en troisième. Ensuite, tout le monde continuent ces deux langues jusqu'au bac et certains prennent aussi une troisième langue qui est facultative.

Interviewer: Merci, Jean-François!

Students should take notes while listening to the cassette and then choose correct answer, a or b.

Solution
1 a
2 b
3 b
4 a
5 b

2 Il est comment, ton collège?

a **Students read text which revisits some of the vocabulary of the previous listening and introduces further relevant vocabulary.**

b **Supported role-play activity in which students use the language given for the purpose of imagining a conversation between Bertrand and his English partner as a vehicle for comparing the two school systems.**

Stratégie

Students are encouraged to research the topic further using the Internet (a search engine such as www.yahoo.fr/) or e-mail and to present the results of their research in the form of a chart.
More able students **could be asked to give a presentation of their results.**
Less able students **could be asked to make a wall-chart so that younger pupils can see and understand the differences.**

Page 83

3 Ecole Saint-Marc

a **Students read the web-page of the Ecole St-Marc à Cigny (Belgique) and then re-order sentences and identify who is speaking in each case – Monsieur Tillemann or Miss Green.**

b **Solution**
- a (Miss G.)
- c (M. T.)
- b (Miss G.)
- d (M. T.)
- h (Miss G.)
- e (M. T.)
- g (Miss G.)
- k (M. T.)
- j (Miss G.)
- l (M. T.)
- m (Miss G.)
- f (Miss G.)
- i (M. T.)

Students could then practise the conversation in pairs.

4 Une lettre à Mademoiselle Green

Students use the suggested phrases and advice to write a letter following on from the telephone conversation.

Départ 1 activities here would give further basic practice and vocabulary building work to assist *less able students.*

Page 84

5 Premiers pas

a **Students listen to recording of children in M. Tillemann's class talking about their first day at school. Particular emphasis on the use of the imperfect tense.**

> **Pierre-Philippe et Emilie:** Bonjour à nos amis brittaniques!
>
> **Interviewer:** Pierre-Philippe et Emilie. Parlez-nous de votre premier jour à l'école Saint Marc. Comment vous sentiez-vous ce jour-là?
>
> **Pierre-Philippe:** Et bien, j'avais cinq ans et je me rappelle qu'il faisait très chaud et que je ne voulais pas quitter mon petit frère parce que je savais qu'il allait passer la journée à jouer dans la pataugeoire

qu'on avait dans le jardin. J'étais jaloux et je pleurais! Ma mère essayait de me rassurer car elle pensait que j'avais peur. Nous avions récemment déménagé à Cligny et je ne connaissais personne à part mon voisin Guillaume. Je me suis mis à côté de lui. Lui, il était très timide et il tremblait. Il craignait l'institutrice qu'on appelait Marie mais il avait tort. Elle était sympathique et pas du tout sévère. On a fait du dessin et j'ai toujours le dessin d'un éléphant que j'ai fait ce jour-là. J'ai mangé à la cantine pour la première fois, un steak hâché et des frites et Marie m'a donné un bon-bon après! Je suis toujours copain avec Guillaume. Il n'est plus timide!

> **Emilie:** Moi, j'étais timide aussi. Je ne voulais pas quitter ma mère et j'étais paralysée de peur quand j'ai vu les grands enfants dans la cour. J'avais un nouveau sac-à-dos très lourd que m'a mère m'avait acheté pour la rentrée avec toute mes affaires dedans … ma trousse, mes cahiers, mes mouchoirs! J'ai toujours le même sac! A la récréation j'avais peur de revoir les grands mais il y avait une fille de huit ans qui a joué avec moi. Elle s'appellait Sandrine mais elle a quitté Saint Marc maintenant pour aller au collège et j'ai d'autres copines! Je la verrai peut-être l'année prochaine quand je passerai au collège moi aussi!

Students choose **a** or **b** as correct answer.

Solution
1 b
2 b
3 a
4 b
5 a
6 a
7 b
8 b

Grammaire (Rappel!)

Reminder of the uses of the imperfect tense.

Stratégie

Students are given help and advice with using *avoir peur* and *faire peur* which, once they have understood and practised the rules, can also be applied to the expressions of emotion.

b **Students write a paragraph about their own first day at school using the support given.**

Page 85

6 Un bon prof, ça vaut cher!

Students read the three texts written by teachers about their job.

a Students identify the teacher for each sentence.

Solution
1 Nadine
2 Jeanne
3 Jean-Pierre
4 Jeanne
5 Jean-Pierre
6 Jean-Pierre
7 Jean-Pierre
8 Nadine
9 Jeanne
10 Nadine

b Translation of the text into French, drawing upon the language of the texts above.

Stratégie

Specific advice on using (and changing where necessary) the language of an original text in re-translation.

Page 86

7 La rentrée fait peur aux profs!

Radio interview with teachers just before going back to school in September.

> **Journaliste:** Cette nouvelle année scolaire s'annonce une fois de plus le tambour battant. Et l'escalade de l'angoise commence par celle des professeurs. Voici Sylvie, professeur d'anglais depuis une vingtaine d'années.
>
> **Sylvie:** Je fais toujours un ou deux cauchemars de rentrée vers la fin août. Je n'aime pas la rentrée car je ne sais jamais combien de temps il va me falloir pour avoir les classes dans la poche. Les élèves difficiles doivent connaître les limites de leur nouveau professeur. On sait que le programme est infaisable dans sa totalité. C'est un peu combat perdu d'avance.
>
> **Journaliste:** Jaqueline, vous êtes prof d'histoire-géo. Que pensez-vous de votre programme?

> **Jaqueline:** Franchement, il est démentiel! Je ne sais pas comment je vais terminer avant le mois de mai. En terminale, par exemple, que les élèves soient littéraires ou scientifiques, le programme couvre une période qui va de la Seconde Guerre mondiale à l'aube de l'an 2000. En soi, cela ne fait que cinquante-cinq ans, mais les élèves doivent maîtriser la décolonisation, ils étudient la guerrre froide entre les Etats Unis et l'ancien URSS, les problèmes du Moyen-Orient, les diverses guerres par exemple, l'effondrement du monde communiste, la naissance de l'Europe qui a toujours une très grande importance, le rêve américain et ses réalités, et, bien sûr, la quatrième et la cinquième Républiques, gaullisme, et mitterrandisme inclus. Et c'est bien pire pour les professeurs de philosophie. Ils ont quarante-huit notions à enseigner: la conscience, l'inconscient, autrui, le temps, la vérité … Avec une année scolaire qui fait environ trente-sept semaines, cela laisse peu de temps à consacrer à la passion, à la justice et au bonheur …

a Students complete the summary given with one of the words from the list.

Solution
1 cauchemars
2 août
3 rentrée
4 falloir
5 élèves
6 limites
7 infaisable
8 perdu

b To work on listening skills when lists of words or concepts come in quick succession, students are asked to re-order the list of elements in the curriculum from those given in the Student's Book.

Solution
L'histoire-géo
1 d
2 e
3 g
4 a
5 c
6 h
7 b
8 f
La philosophie
1 g
2 f
3 a
4 c
5 b
6 h
7 d
8 e

Students could then be asked to check the meaning of these concepts in a bi-lingual dictionary and to report on which they have studied or not.

8 ... et puis les élèves!

a Before listening to the cassette, students read the three possible questions to be used in the interviews and decide which extract of the answers matches which question. The three questions are:
1 Qu'est-ce qu'un bon professeur, selon vous?
2 Comment sont vos professeurs?
3 Aimeriez-vous devenir professeur vous-même plus tard? Pourquoi (pas)?

Solution
Question 1
Extracts **a**   **c**   **h**

Question 2
Extracts **b**   **e**   **i**

Question 3
Extracts **d**   **f**   **g**

Interviewer: Marion, qu'est-ce que c'est un bon professeur, selon vous?

Marion: Quelqu'un qui sait écouter, qui n'est pas trop sévère mais qui a un bon sens de la discipline. Je ne pense pas que la connaissance de sa matière soit aussi importante pour un prof que son sens de la pédagogie.

Interviewer: Comment sont vos professeurs?

Marion: Je suis chanceuse car la plupart d'entre eux sont très bons. Les élèves exigent que leurs profs soient tolérants et amicaux.

Interviewer: Aimeriez-vous devenir professeur vous-même, plus tard dans la vie?

Marion: J'ai peur de ne pas avoir les qualités nécessaires! C'est à dire la patience, la tolérance et la passion pour une matière. Non, je préférerais faire autre chose.

Interviewer: Aurélien, qu'est-ce que c'est un bon professeur pour vous?

Aurélien: Ça dépend! Les parents demandent qu'il se sent très concerné par les progrès de leur enfant et, pour les élèves, il faut qu'il soit gentil et généreux avec les notes qu'il donne.

Interviewer: Et vos professeurs, comment sont-ils pour la plupart?

Aurélien: Ça dépend aussi! Il y en a qui sont vraiment bien, qui préparent bien leurs cours et qui donnent la priorité à la réussite scolaire. Par

contre, j'ai un prof d'histoire qui a fait deux fois de suite le même cours sans s'en rendre compte!

Interviewer: Pourriez-vous devenir prof?

Aurélien: C'est un des métiers qui m'attire car j'aime être avec les gens et je crois que je suis assez fort en maths et en sciences pour pouvoir les enseigner un jour. Je ne sais pas si j'ai assez de patience … mais, on verra.

Interviewer: Et vous Lucie. Donnez-nous votre opininion sur ce qu'est un bon professeur!

Lucie: Pas trop sévère, pas trop décontracté, non plus. Bref, un sur-homme me suffit!

Interviewer: Comment sont vos professeurs?

Lucie: J'ai un très bon professeur d'anglais. Par contre, mon prof de dessin cette année est complètement nul! Il nous parle comme à de petits gamins!

Interviewer: Pourriez-vous devenir prof, Lucie?

Lucie: J'ai pensé à devenir prof de langues mais je ne sais pas encore. J'aimerais voyager d'abord, rencontrer des gens. Professeur? Oui, ça m'intéresse.

b Students listen to the interviews to check their answers to a and to piece together the ideas of each of the three interviewees.

WORKSHEET

Départ 5

This worksheet is aimed at *less able students* who may need even more suppport with vocabulary building and confidence than the main chapter offers.
Students read text about primary school.

a Students complete grid to provide a 'pense-bête' of school vocabulary.

b Students use original text as a framework for describing their own school or college.

Progression

Page 87

1 Comment réussir?

Text about how to tackle an oral exam. Introduces the imperative.

> **Interviewer:** Nicole, vous êtes professeur de langues depuis treize ans et examinatrice depuis cinq. Pouvez-vous partager avec nous les conseils que vous donnez à vos élèves qui sont sur le point de passer un examen à l'oral.
>
> **Nicole:** Oui, j'ai toute une série d'instructions pour la réussite et pour parler clairement. Commencez par une bonne prise de contact, souriez! Puis poursuivez en formulant vos idées, sans dévoiler l'introduction de toutes vos connaissances. Parlez avec spontanéité, mais contrôlez votre vocabulaire et vos tournures de phrases.
>
> Tout autant que votre élocution, ce que vous avez à dire est essentiel pour votre examinateur. Evitez cependant de rester le nez collé à vos notes. Le plan que vous avez préparé doit vous y aider, surtout si vous avez noté de façon précise et lisible l'enchaînement de vos idées. Etayez peu à peu votre discours avec des exemples, que vous repérerez sur le papier par des mots-clefs, sans vous noyer dans les détails.
>
> Captez le regard de votre interlocuteur: vous capterez aussi son attention. Ne vous laissez pas abuser par des impressions: ce n'est pas parce qu'un prof est maussade qu'il ne s'intéresse pas à ce que vous dites. Si vous ne comprenez pas une question, n'hésitez pas à le dire. Surtout, ne faites pas semblant de la comprendre et jouez plutôt le jeu du dialogue. C'est votre sincérité et votre écoute qui paieront.

a **Students research phrases before listening. They should check the meanings of the verbs on the left then match them to the French definitions given. Before doing the listening they will have to have a list of the verbs written down as they need to tick as they hear them in the text.**

Solution
1 f
2 g
3 c
4 d
5 b
6 e
7 a

b **Students tick the verbs as they hear them and then re-order the sentences given according to the order on the cassette.**

Solution
4
8
6
1
10
5
3
2
7
9

c **Before listening again to the text, students are encouraged to match the beginnings and endings of sentences as presented. They then listen again to check. A discussion could then follow as a class to consider the value of the advice given and to draw upon personal experience.**

Solution
1 b
2 d
3 a
4 c
5 e

2 Parent, élève, prof

a **Students match the conversations to the parent or the teacher.**
1 un parent et son fils. (Conversation A)
2 un professeur et son élève. (Conversation B)

b **Students say what the teacher and the parent have said about the subjects given, using their own words.**

Students could be asked to e-mail a partner at school to ask them to give a list of advice on taking and passing exams.

Page 88

Grammaire

Having been introduced passively to the imperative, students now read the full explanation and could also be referred to p.123 of the grammar notes where further explanation is given.

Exercice 1
Students fill the gaps in the sentences given to complete instructions.

Solution
1 portez
2 roulez
3 souriez
4 arrêtez
5 lavez
6 faites
7 soyez
8 inquiétez
9 croyez
10 donnez

Exercice 2
Students read a list of excuses which may be given to teachers. They must note down what the instruction may have been. Can be done as a paired activity with a report back to the class and discussion.

Grammar 5. At this point, students could tackle section 1 of the grammar worksheet.

Page 89

3 Un examen oral

Students listen to conversation between Maryse and her cousin Delphine on the subject of a forthcoming oral exam.

> **Delphine:** Allo!
>
> **Maryse:** Delphine, c'est moi, Maryse. Tu n'es pas trop occupée?
>
> **Delphine:** Euh, non, ça va. Qu'est-ce qu'il y a?
>
> **Maryse:** C'est l'horreur, je te jure. J'ai mon oral d'anglais la semaine prochaine et je suis certaine que je vais le rater. Je ne comprends rien du tout et je ne sais pas comment faire pour rattraper en si peu de temps.
>
> **Delphine:** Ecoute, je vais te donner une idée de ce qu'il faut faire selon moi. D'abord, organise-toi! Je vois d'ici le désordre de ta chambre! Assure-toi que tes notes, tes cahiers, tes listes de vocabulaire sont à côté de toi. Ne mets rien par terre, tu perdrais beaucoup de temps à chercher. Commence tout de suite à réviser la vocabulaire et demande à ta mère de t'aider. Enregistre-toi et puis vérifie ta prononciation et ton accent. Essaie d'entendre tes erreurs et corrige-toi. Prends des pauses mais ne bois pas trop de café, ça te donnera mal à la tête. Mange régulièrement et n'oublie pas de faire de l'exercise de temps en temps.
>
> **Maryse:** Et le jour de l'examen?
>
> **Delphine:** Sois à l'heure. Ne t'inquiète pas trop. Souris!

> **Maryse:** Merci!
>
> **Delphine:** Et surtout, appelle-moi après pour me dire comment ça c'est passé! D'accord?
>
> **Maryse:** Oui, on en reparle dans deux ou trois semaines!

a Students fill in the gaps in the transcript printed in the Student's Book, choosing from the suggested list. The activity focuses on precise listening skills and on the 'tu' form of the imperative.

Solution·
1 organise
2 sois sûre
3 mets
4 commence
5 demande
6 enregistre
7 vérifie
8 essaie
9 prends
10 mange
11 oublie
12 sois
13 inquiète
14 souris
15 appelle

b Students use structures given and work with a partner to produce a leaflet giving advice to A-level students.
***More able students* could be encouraged to work alone.**
***Less able students* could be given further structures for support.**

Stratégie

Students are given ideas on making discussions in pairs or groups sound more natural.

c Students are asked to use the preparatory material and ideas to take part in a discussion in small groups. This could be extended to a whole class activity.

Page 90

4 La vie d'étudiant

Students read text by Sonia who talks of her life at the University of Toulouse.

a   **Students decide to which of Sonia's worries the sentences given could refer.**

Solution
1   Les études
2   L'argent
3   Les rapports familiaux
4   La solitude
5   Le logement

b   **Of the three or four words given, students have to make a correct sentence about what they have read. They are then asked to invent two more examples of this activity for their partner to do, based upon the same text.**

5 Discussion

a   **Students are asked to re-consider the themes given at the start of this section and to complete the sentences to provide them with the framework for a discussion on the theme of student life.**

Page 91

6 Nous sommes des gens qui pensent!

This introduces the more general concerns of young people and encourages more abstract thinking. It also introduces the subjunctive. Listening text based on magazine interview with young people.

[cassette icon]

Journaliste: Bienvenue, Didier, Charlotte, François et Lucille. Je vais vous poser quelques questions sur des sujets concernant les jeunes. D'abord, cette question de la drogue dans les lycées. En France, un jeune sur trois a déjà fumé du cannabis. Et vous? Pensez-vous qu'il est facile de se procurer du cannabis au lycée? Pourquoi?

Charlotte: L'an dernier, j'étais encore au collège, mais là-bas aussi, ça circule le cannabis. Moi, je n'en ai jamais fumé, ça ne m'intéresse pas, et pourtant, je savais où m'en procurer. Chez les 3e, il y en avait facilement un tiers qui en fumait régulièrement … et même parmi les 6e, il y en quelques-uns!

Journaliste: Etes-vous pour ou contre la légalisation?

Charlotte: Pour moi, le légaliser, ce ne serait pas si mal, vu qu'on peut s'en procurer de toute façon! Et puis l'alcool et les cigarettes, c'est bien en vente libre. T'en penses quoi, Didier?

Didier: Oui, mais c'est vrai que quand je vois des gamins de 12 ans en train de fumer pour faire bien, ça m'écœure un peu …

Lucille: Moi c'est Lucille! Dans mon lycée, il y a un groupe de ma classe qui est accro au cannabis. A sa tête, contrairement aux idées reçu, il y a une fille. Et, bien sûr, elle a déjà essayé de nombreuses fois d'autres drogues … dures. Certains vont me dire 'c'est sa vie', d'accord, mais elle entraîne beaucoup d'autres jeunes dans sa descente. Même si je ne la considère pas personnellement comme une amie, j'aimerais vraiment pouvoir l'aider. Elle est en train de se détruire. Malheureusement, je pense qu'il n'y a aucun moyen de l'en sortir. Mais je pense à tous ceux qu'elle entraîne avec elle et qui, eux, peuvent encore s'en sortir! Que faire pour les sauver? Alors, ne me parlez pas de légalisation, pas quand je vois ça …!

François: Oui, je suis d'accord, et avec tous les problèmes qu'on a eu avec la violence dans les lycées, la drogue, ça ne va pas aider …

Journaliste: Votre ministre parle justement de renforcer la répression de la violence à l'école. Quel est votre avis François?

François: Je pense que la répression est nécessaire. C'est l'un des nombreux moyens à mettre en œuvre pour préserver une conduite citoyenne au bénéfice des uns et des autres. C'est dur d'utiliser la répression, c'est pourquoi il importe, à titre préventif, de donner aux jeunes enfants et dès la prime enfance, quelques 'règles' de conduite pour une meilleure intégration dans leur vie socio-professionnelle future …

Charlotte: Alors, pour moi, la violence à l'école est issue d'un autre problème: l'inadaptation du système scolaire. Je veux dire qu'on voit ceux qui n'ont rien à faire à l'école, vous les appelez comme vous voulez. Ces élèves, on les voit dès le primaire, je sais, c'est terrible à dire. Il faut les orienter, en les mettant au collège, ils ne font rien et pour passer le temps et les nerfs, ils cassent, c'est presque enfantin, et au lieu de créer des institutions, on les encourage …

Didier: Tout ça, ça doit faire parti des réformes plus générales que nous propose le gouvernement. Le système scolaire ne marche pas pour une minorité, mais pour une assez grande majorité de jeunes et …

Lucille: Il faut que je te dise quelque chose, Didier! Il n'est pas certain que la violence vienne d'un coup du lycée, elle est engendrée par d'autres facteurs: le cadre de vie, l'environnement culturel et social … Pour lutter efficacement contre la violence, il faut prendre le problème à la base et se demander d'où vient cette violence. Il est néccésaire que la société soit plus responsable et il est temps que les hommes politiques fassent un peu plus confiance aux jeunes. Je regrette que les profs dans certains lycées aient peur d'entrer dans leurs propres salles de classe mais …

Didier: Tu as raison, Lucille, mais j'allais dire qu'il est temps que l'on pense à créer un système d'éducation qui a plus de rapport avec la vie quotidienne de la majorité des jeunes.

François: Je pense que l'accueil mitigé de cette réforme des lycées est plus que justifié; j'ai d'ailleurs moi-même pu constater l'irresponsabilité de certains de mes collègues sur une soi-disante révolution qui consiste à supprimer les options facultatives qui font du Baccalaureat français face à un des examens les plus riches et les plus prestigieux au monde. Je trouve bien décevant et triste de la part de notre ministère de prétexter une diminution du nombre d'options – «les lycéens seraient perdus dans cette jungle» – afin de faire l'économie du coût des cours de latin, de grec, ou de musique.

Charlotte: Notre ministre a préféré nous parler d'allégement des programmes. BONNE NOUVELLE! Mais alors pourquoi a-t-il ajouté de nouvelles matières: éducation civique et vie de la classe. De plus, l'éducation civique sera enseignée par des profs d'histoire, on peut imaginer qu'à la fin de l'année l'éducation civique sera remplacée par des cours d'histoire-géo en retard!

a To focus on the gist of this somewhat longer text, students are asked to identify which of the themes listed are touched upon during the discussion.

Solution
La violence dans les écoles
La drogue dans les écoles
La réforme des lycées

b Students listen again and are asked to place in order the sentences listed. They should then attribute each phrase to one of the three subjects outlined in exercise a.

c La drogue dans les écoles
i La drogue dans les écoles
o La drogue dans les écoles
n La drogue dans les écoles
j La drogue dans les écoles
p La drogue dans les écoles
b La drogue dans les écoles
e La violence dans les écoles
f La violence dans les écoles
a La violence dans les écoles
l La violence dans les écoles

h La violence dans les écoles
r La réforme des lycées
k La réforme des lycées
d La réforme des lycées
q La réforme des lycées
g La réforme des lycées
m La réforme des lycées

c Students work out a translation of each of the 18 phrases and compare results with those of their partner.

d Having gained a clearer idea of the progression and meaning of the discussion, students listen again, filling in gaps in the extract given.

Solution
1 il faut que
2 il n'est pas certain que
3 il faut
4 il est nécessaire que
5 il est temps que
6 je regrette que
7 il est temps que

Grammaire

Students are then presented with a formal explanation of the subjunctive and how to form it in the present tense. They could also be referred to p. 130 of the grammar section where further explanation is given.

Page 92

Explanation of some of the uses of the subjunctive. Again, the grammar section gives further uses.

Exercice
Students read text and fill in gaps using options given.

Solution
1 c
2 a
3 b
4 f
5 d
6 e

Page 93

7 Quel métier dans les langues?

a Students read texts on the theme of language learning and research vocabulary.

b Students decide to whom the phrases given refer.

Solution
1 David
2 Marie-Laure
3 Laurence
4 Marie-Laure
5 David
6 Paul
7 Marie-Laure

c Students now listen to extracts on the cassette and decide which of the young people is speaking.

> **1**
> Mon cousin a voulu devenir traducteur. Il a passé le concours avec deux cents autres parmi lesquels dix ont été retenus. Il m'a dit que c'est très dur mais qu'il va reessayer l'année prochaine. (**J-Y**)
>
> **2**
> Pendant l'échange j'ai vécu avec une famille qui m'a acceptée comme si j'étais leur fille et je pense que j'ai fait beaucoup de progrés. J'aimerais bien y retourner. (**L**)
>
> **3**
> J'ai commencé avec l'anglais en sixième et j'ai adoré ça. Puis en cinquième j'ai pu prendre une deuxième langue et la troisième en seconde. (**M-L**)
>
> **4**
> Pendant mes études supérieurs, j'espère avoir la possibilité d'étudier une nouvelle langue, peut-être une langue asiatique. (**P**)
>
> **5**
> Ce n'est pas seulement dans les domaines traditionels que les langues seront importantes mais aussi dans les disciplines scientifiques et techniques. (**D**)

8 A vous!

Students use phrases prepared as a basis for a group discussion.

Page 94

9 Etudier à l'étranger. Ça vous intéresse?

Section on studying abroad.
Students read publicity material from EF, an organisation which deals with study periods abroad.

a Students find the French for the phrases given.

Solution
1 programme complet d'activités de loisirs
2 la meilleure façon de renforcer vos acquis et vos diplômes
3 une connaissance approfondie d'autres matières
4 Appelez-nous!
5 les aspects les plus fascinants de votre pays d'accueil.
6 l'amélioration de vos connaissances linguistiques de base
7 pension complète le week-end
8 cette option est disponible …

b Students answer true or false and correct the false statements.
1 vrai
2 faux. La meilleure façon d'améliorer est de faire un stage à l'étranger.
3 vrai
4 faux. On est hébergé soit dans une famille d'accueil ou soit sur le campus.
5 faux. Le prix du transport est inclus.

c Students link five corrected sentences from exercise b to questions below.

Solution
1 Est-ce que le forfait comprend le vol aller-retour?
   • Le prix du transport est inclus.
2 Comment peut-on progresser en langue?
   • La meilleure façon d'améliorer est de faire un stage à l'étranger.
3 Faut-il un bon niveau de départ?
   • Non, tout le monde, peu importe son niveau linguistique, peut assister aux activités EF.
4 Quelles possibilités sont ouvertes aux stagiaires?
   • Avec EF on peut faire un stage dans un grand nombre de domaines.
5 Où est-on logé pendant la période du stage?
   • On est hébergé soit dans une famille d'accueil ou soit sur le campus.

10 On fait de la publicité!

a Students listen to a soundtrack of a TV advert for EF and, for each section, insert an appropriate title for that section, choosing from the list given.

> Tous les experts s'accordent pour dire que la meilleure façon d'apprendre une langue, c'est de vivre et d'étudier à l'étranger. La combinaison de cours de langue et de pratique quotidienne dans des situations de la vie courante garantit un maximum de progrès.
>
> En suivant un cours EF, non seulement vous apprenez une langue, mais vous vous faites des amis venus du monde entier! Ils forment une

communauté très vivante. Ensemble, vous étudiez, vous vous divertissez et pratiquez la langue à tout moment.

* * *

Chaque bureau fait partie d'une seule et même équipe internationale, au même titre que les enseignants de notre école de Sydney, tout comme le Responsable des activités EF de Miami, le Directeur pédagogique de EF Londres ou le Responsable de l'hébergement de Barcelone. Grâce aux 70 bureaux EF répartis tout autour du globe, nous sommes toujours en mesure de répondre à toutes vos questions.

* * *

Nos sessions débutent chaque lundi toute l'année: vous pouvez donc toujours les intégrer dans votre emploi du temps personnel, universitaire ou professionnel. Ceci, quel que soit votre niveau de langue, de débutant à courant. Vous seul choisissez les dates et la durée de votre séjour, de deux semaines à une année.

* * *

Vous étudiez avec des enseignants professionnels expérimentés. Les professeurs EF ont suivi une formation supérieure dans l'enseignement de leur langue maternelle aux étrangers.

* * *

Le premier jour de cours, vous passez un test de niveau initial et vous êtes orienté vers le groupe adapté à vos connaissances. Chaque semaine, vos professeurs font le point entre eux et avec vous sur la rapidité de vos progrès. C'est, pour vous, la garantie d'étudier la langue à votre rythme.

* * *

Tous les jours s'ouvrent de nouvelles écoles de langues dans le monde. Avant toute inscription, vérifiez que le centre de votre choix est bien reconnu par un organisme officiel. Vous trouverez toutes les garanties d'accréditation des programmes et écoles EF au dos de nos brochures.

* * *

Que vous choisissiez de vivre dans une famille d'accueil ou sur un campus, nos prix comprennent la plupart des repas, ainsi que votre hébergement comme seul hôte francophone. Vous n'aurez donc aucun souci d'intendance sur place.

* * *

Dans chaque école, le Responsable des loisirs se fera un plaisir de vous aider à organiser votre temps libre. De nombreuses activités vous sont proposées: soirées barbecues ou projections vidéo, sorties au théâtre ou au cinéma, activités sportives. Ainsi, vous participez à la vie de l'école et vous vous intégrez à la vie locale.

* * *

Lorsque vous vous inscrivez à un cours, vous pouvez également réserver votre vol. Vous pouvez demander à être accueilli par un représentant EF à votre arrivée à l'aéroport le plus proche de l'école EF choisie.

* * *

A l'issue de votre session de cours Intensif Principal ou Examen, vous recevrez notre certificat d'assiduité EF. Pour tout séjour d'au moins quatre semaines, vous recevrez un diplôme de scolarité, qui attestera de vos capacités à vous exprimer, lire et écrire dans la langue. Reconnu dans le monde universitaire ou professionnel, où chaque atout est décisif, votre Diplôme EF témoignera de vos compétences et sera votre passeport pour un meilleur avenir.

* * *

Les étudiants EF obtiennent très régulièrement d'excellents résultats aux examens officiels de Cambridge et au TOEFL. Vous voulez préparer un examen mondialement reconnu en anglais, italien, espagnol ou allemand? Votre professeur se charge de vous aider à choisir les ouvrages et les méthodes les mieux adaptés à l'épreuve et à vos connaissances.

* * *

L'amélioration de vos connaissances linguistiques est le plus sûr investissement que vous puissiez aujourd'hui faire pour votre avenir. Participer à un long séjour avec EF est le meilleur moyen d'augmenter encore la rentabilité de cet investissement. A partir de huit semaines, les prix de nos cours de longue durée sont dégressifs. Ainsi, vous faites fructifier votre capital langues au meilleur coût. Vous pouvez alors faire toute la différence entre maîtriser une langue et la parler couramment!

Solution

1 Une ambiance internationale
2 Une organisation mondiale
3 Débutez vos cours
4 Des enseignants à votre écoute
5 Cours adaptés à tous les niveaux
6 Ecoles de qualité officiellement reconnues
7 Le choix de l'hébergement
8 Activités et excursions
9 Voyage et transferts
10 Réussite aux examens officiels internationaux
11 Anglais courant, CV gagnant
12 Apprenez plus au meilleur prix

b **Students use the language they have learnt in the section to produce their own radio advertisement for a company organising study visits abroad. They are encouraged to record the results.**

Page 95

11 Un métier qui me plaît ...

Section on jobs and careers.

a Students build up knowledge of work sectors and are given a framework for expressing future plans. They should read the desires expressed by each person, then use the example given to give a brief report on the area they would choose for them and why. They are also encouraged to build up a list of jobs and careers in French.

b Students should draw upon the phrases which are underlined in the preceding texts and the phrases given here (+ subjunctive) to describe their own talents.

12 Et les employeurs ... que cherchent-ils?

Section dealing with CV and job applications. Students read the text giving advice on completing a CV.

a Students replace the missing imperative verbs in the text, choosing from those given.
1 Oubliez
2 Méfiez
3 Négligez
4 Soyez
5 Précisez
6 Evaluez

b Translation of phrases into English.

Page 96

13 Le CV de Gilles

A job specification is given and students listen to a discussion of the CV of a candidate for the post, Gilles.

> **Journaliste:** Nous avons demandé à un responsable du recrutement de grandes entreprises de nous dire pourquoi il avait choisi ou refusé un CV.
>
> **Marcel:** Je vous parlerai du CV du candidat que nous avons choisi. Il n'est pas prétentieux mais montre la capacité du candidat à prendre le poste.
>
> Ce n'est pas la présentation qui a retenu mon attention. Ce CV est un peu fouillis, c'est écrit petit, rien ne ressort vraiment. En revanche, il tient sur une page: un CV court montre que l'on est sûr

> de soi. Plus les CV sont longs, plus je m'inquiète ... Ce qui m'a intéressé d'abord, c'est son expérience dans la presse pour enfants, indication placée en tête de son CV.
>
> Le deuxième bon point est sa formation: l'ENSAD (l'Ecole nationale supérieure des arts décoratifs) est une excellente école, dont les élèves sont en général assez doués. C'est important pour un titre comme *Okapi* où il faut renouveler sans cesse les formes. Gilles a également bien fait de mentionner les noms de ses professeurs: cela parle aux graphistes à qui j'ai montré son CV et indique de bonnes références culturelles.
>
> Il précise qu'il maîtrise plusieurs logiciels. Pour nous, c'est indispensable car les graphistes doivent savoir utiliser le matériel informatique pour faire leurs créations. Un autre élément m'a plu: la réalisation d'un CD interactif sur Picasso. C'est la preuve que Gilles est curieux. cela laisse présager une adaptation possible au cours de sa carrière. Le CV montre enfin que, depuis plus de cinq ans, Gilles s'est débrouillé seul en faisant beaucoup de stages. C'est le signe de sa persévérance.
>
> Pour résumer: ce CV indique une assurance et une capacité à prendre un poste. Ce qui a été déterminant, c'est son expérience dans des titres proches et son dossier artistique. Les maquettes déjà réalisées et les projets font état de son talent, du soin qu'il apporte à son travail et de son imagination. C'est important pour déceler ses capacités à devenir directeur artistique.

a Students summarise the qualities of the candidate as expressed by the future employer.

Solution
10 from:
1 Il montre les compétences du candidat.
2 Il n'est pas prétentieux.
3 Il tient sur une page.
4 Il a de l'expérience dans la presse pour enfants.
5 Sa formation – il a fait ses études dans une bonne école.
6 Il a mentionné les noms de ses professeurs.
7 Il montre de bonnes références culturelles.
8 Il précise qu'il maîtrise plusieurs logiciels.
9 Il a réalisé CD interactif sur Picasso.
10 Il est curieux.
11 Il s'est débrouillé seul en faisant beaucoup de stages.
12 Il a de la persévérance.
13 Le CV indique une assurance et une capacité à prendre un poste.
14 Il a du talent et de l'imagination.
15 Son expérience dans des titres proches et son dossier artistique.

b *Jeu de rôles*
Students use phrases they have found and suggestions given to carry out a role-play in which they discuss the relative qualities of two CVs.

c Students prepare their own CV using the framework given.

14 La lettre de motivation

Students read advice given on a letter of application.

a Students complete sentences given to provide a summary of the advice.

Solution
1 Il ne faut pas que votre signature *soit* trop *longue / compliquée.*
2 Il vaut mieux que vous ne *changiez pas* d'écriture à la dernière minute.
3 Il faut que la lettre *se compose* de trois paragraphes. L'accroche, *l'argumentaire* et *la conclusion.*
4 Il ne faut pas que le contenu de votre lettre *répète les informations de votre CV de manière différente.*
5 Il faut que vous *finissiez* en demandant un entretien.
6 Il vaut mieux que vous *commenciez* avec Monsieur, Madame et que vous *finissiez* avec: *'Je vous prie d'agréer, Madame/Monsieur, l'expression de mes salutations distinguées'*

Révision

Page 97

1 Révision

Students read magazine interview with Thierry Poulain, who teaches would-be PE teachers in Paris.

a Students answer questions by choosing a) or b).

Solution
1 b Il faut surtout qu'il possède les aptitudes d'un bon prof.
2 b Quand ils passent au niveau plus avancé.
3 a Oui.
4 b Dans la danse on se met moins rapidement en situation d'être vu par les autres.
5 b Les jeunes joueurs.
6 b Trouver un emploi dans un secteur différent.

(5 points)

Page 98

b Students complete sentences to give a definition of the term given.

Solution
1 les scientifiques = ce sont des gens qui étudient les sciences / travaillent dans le domaine des sciences.
2 la licence-maîtrise = c'est une qualification que l'on prépare après le DEUG / à l'université.
3 des qualités de rédaction = c'est la capacité de pouvoir bien écrire des dissertations.
4 les sports collectifs = ce sont les sports que l'on pratique en équipe.
5 il faut démarrer avec de petits exercices = il est nécessaire de progresser lentement.

(5 points)

c Students read the extracted sentences from the text and replace underlined words with others of their own choosing without changing the meaning.

(5 points)

2 A deux!

Students work in pairs. One is Thierrry, the other a prospective candidate for the course. They conduct an interview with a time limit of two minutes.

(10 points)

3 Comprendre les statistiques

Students listen to radio interview about student lodgings.

Le cocon familial vaut ce qu'il vaut, mais l'enquête menée au printemps 1997 par l'Observatoire de la vie étudiante montre que 41,2% des étudiants vivent encore chez papa-maman ... A Paris, vous êtes même 54% à remettre vos rêves d'indépendance à vos premiers salaires. Côté logement, les étudiants parisiens sont d'ailleurs plutôt mal ... logés. C'est eux qui payent les loyers les plus élevés en moyenne: 2 663 F, charges comprises, contre 1 932 F pour les étudiants qui résident dans les grandes villes, 1 685 F dans les villes moyennes et 1 655 F dans les petites villes. Sans compter qu'ils sont également (forcément) mal ... lotis pour ce qui est des temps de trajet domicile–fac: 46 minutes en moyenne, contre moins d'une demi-heure pour leurs collègues provinciaux. C'est en province, et notamment dans les petites et moyennes villes, que les logements étudiants d'une seule pièce sont les plus nombreux, tandis que les veinards logés dans des deux-pièces sont plus nombreux à Paris (30% des étudiants). Chose incroyable, près de deux tiers des étudiants affirment avoir trouvé facilement ou très facilement leur logement.

WORKSHEET

Progression 5a

1 Stressé(e)? Moi! Tu plaisantes!

Magazine-style quiz on stress levels
Students first find an alternative to the phrases given in the text, which tends to use colourful language.

Solution
1 Vos profs vous ont dans le nez.
2 Encore un trou de mémoire.
3 Il vous arrive d'être sujet(te) à des maux de tête soudains.
4 Vous avez des problèmes pour vous endormir. Votre sommeil est agité.
5 Votre consommation de chocolat, de biscuits ou de café a fortement augmenté.
6 Vous avez les mains moites.
7 Pourtant, vous vous sentez oppressé(e) ou anxieux(se) sans réelle raison.
8 Votre cœur a tendance à s'emballer.
9 Vos parents ont à peine ouvert la bouche que vous levez déjà les yeux au ciel.
10 Les choses normales de la vie (sortir avec des copains, aller au supermarché) vous font anormalement peur.

2 Les résultats!

a **Students can then conduct the quiz on one another and compare results which are recorded on the cassette.**

De 0 à 3 oui

Pas de stress, c'est rare! Il y a du Bond ... (James Bond) en vous. Vous faites partie de ceux qui ne se départissent jamais de leur calme. Equilibré, capable de faire face aux agressions extérieures, optimiste, vous correspondez à l'image de la force tranquille. Ce n'est pas une raison pour négliger votre alimentation: vitamines et minéraux aident à faire face au stress. En revanche, l'alcool, le tabac et le café l'aggravent.

Entre 4 et 7 oui

Un peu de stress, c'est bien! Le stress, vous connaissez, surtout au moment des examens. Rassurez-vous, rien n'est plus normal.

Il est nécessaire car il vous permet d'accroître votre vigilance, de réagir aux situations qui se présentent. Avant de monter sur scène, un artiste a le trac. Grâce à cette peur, il monopolise ses ressources, accroît ses capacités mentales et n'en retient que mieux son texte.

L'activité physique est un excellent antidote au stress. L'état cardio-vasculaire s'améliore et le cerveau produit des endorphines, hormones calmantes et euphorisantes. Tout ce qu'il vous faut! L'important est de se ménager régulièrement des moments pour faire ce que l'on aime vraiment.

Plus de 7 oui

Beaucoup de stress, c'est trop! Le moins qu'on puisse dire est que vous êtes sérieusement stressé(e). Si la tension se prolonge, se répète ou devient trop violente, les facultés de réponse de l'organisme peuvent être parfois dépassées. Le stress devient alors pathologique. Avoir l'estomac noué à cause d'un examen, c'est très courant et sans conséquence. Se morfondre à longueur d'année peut devenir plus gênant. Heureusement, avant d'en arriver là, il y a moyen de réagir.

Echangez, parlez avec les autres.

---

b **Students report on the stress levels of their partner to the class and give advice collectively for dealing with stress.**

Progression 5b

La question du logement

a **Students listen to the cassette recording which is a news item on student accommodation and fill in gaps on the worksheet. Activity focuses on recognition of numbers and statistics.**

Il faut s'y prendre dès le printemps. Ils possèdent beaucoup de chambres (même s'ils sont rapidement complets), ce n'est pas une solution très économique. Comptez ainsi 2 000 F minimum. La recommandation d'un ancien locataire peut en la matière être utile. Les règles sont assez strictes. Les visites sont réglementées (au-delà de 23 heures pas d'invités), on ne mélange pas les filles et les garçons, bref, si vous êtes un habitué des fêtes nocturnes ou si vous tenez absolument à amener votre petit copain, allez voir ailleurs!

Les petites annonces

C'est la méthode classique. Elle vous oblige à vous lever tôt le matin, car les bonnes affaires partent les premières. A Paris, certains kiosques – sur les Champs-Elysées notamment – ouvrent dès quatre heures du matin. La plupart des journaux publient des petites annonces de location, mais il faut

---

savoir que la majorité de ces annonces proviennent d'agences immobilières.

Les agences

Vous en trouverez toujours une au coin de la rue! Avantage: elles disposent d'une offre assez large, notamment lorsqu'elles sont organisées en réseau. Inconvénient: elles prennent des frais ou des commissions qui tournent autour de 10% du loyer annuel.

Les résidences étudiantes

Les investisseurs s'intéressent de plus en plus au logement étudiant: depuis quelques années, les résidences étudiantes fleurissent dans les villes universitaires. Attention, c'est du grand luxe! Vastes logements suréquipés et nombreux services (buanderie, salle de sports, restaurant, etc.), elles fonctionnent comme de véritables hôtels. Evidemment, les loyers sont à la mesure du confort, c'est-à-dire … chers!

Solution
1 2 000 F minimum
2 au-delà de 23 heures
3 dès quatre heures du matin
4 la majorité
5 assez large
6 des frais ou des commissions
7 10% du loyer annuel
8 depuis quelques années
9 vastes logements

b **Students choose five of the phrases above and compose a sentence on the theme of student life to show its usage.** *Less able students* **could be given further sentences to fill in.**

a **Students answer questions given. Each answer is in the form of a number.**

Solution
1 1997
2 41,2%
3 54%
4 2 663 F
5 1 932
6 1 655 F
7 46 minutes (en moyenne)
8 une demi-heure / 30 minutes
9 30%
10 près de deux tiers

(10 points)

b **Students prepare their own oral report on student accommodation, using the statistics given. They should be assessed partly on their ability not to hesitate when they arrive at a figure.**

(10 points)

c **Students choose three of the themes suggested and prepare a written paragraph on each of the three.**

(30 points)

4 Dissertation

Students write an essay on the title given.
Titre: Les problèmes dans les lycées sont plus graves que jamais. Qu'en pensez-vous? (300 mots)

(40 points)

(Mark scheme: *20 points pour le contenu / 20 points pour la qualité de la langue*)

Extra

Page 99

1 Une technologie d'avenir

Extra **section concentrates on the theme of new technologies.**
Students read introduction.
Texts by real-life people explaining the role of technology in their lives, notably information technology.

a **Students research vocabulary and make a glossary of useful terms.**

b Students complete sentences with one of the phrases from the text. There are more possible phrases than gaps to be filled.
1 lancer
2 atelier d'informatique
3 majuscules
4 passion
5 machines à cartes perforées
6 logiciel
7 centre commercial électronique

c Students then invent similar suitable phrases to demonstrate usage of the seven remaining phrases, using the original text as a guide to meaning.

cliquer   gérer
produits de maquillage   minuscules
région natale   traits épais
grosses courses

d Students work further on the original text by inventing five true / false questions for their partner to do.

Page 100

2 A vous!

Students write a few sentences in reply to each of the five questions given, making the subject more personal.

3 Un métier pour demain?

Students read the text about Cédric and his work in the IT industry.

a Students find equivalents of phrases given in the text.

Solution
1 Cédric n'est pas formateur.
2 … ne vient qu'ensuite.
3 La région parisienne est un grand bassin d'emplois pour l'informatique.
4 … qui nécessite de la concentration.
5 Travailler dans un tel domaine exige de se tenir informé des avancées.

b Students demonstrate clear understanding of this more complex text by writing simple sentences to describe what Cédric typically does in a day.

4 Débat

In preparation for a debate on the subject of IT, students listen to the discussion on the cassette.

A
Alors, à mon avis nous vivons dans un monde où la communication devient de plus en plus facile et de plus en plus importante. Le monde est petit et si l'on n'accepte pas les nouveaux moyens de communication on va se retrouver dépassé.

B
Oui, d'accord, mais il ne faut pas épouser tout ce qu'il y a de nouveau sans question et simplement à cause de sa nouveauté. Pour une vraie communication il faut le contact humain et la compréhension de la situation des autres. Il est facile à dire que la technologie est accessible à tout mais, prenons le cas du Tiers Monde, je ne vois pas le but d'investir beaucoup d'argent dans ce domaine quand il y a des gens qui n'ont pas assez à manger.

C
Certes, mais, l'éducation des gens est au cœur du progrés et c'est là que l'informatique a son plus grand rôle à jouer. L'échange d'information est essentiel pour les gens, les pays, les continents même, qui veulent un certain niveau d'indépendance. Prenons le cas de la lutte contre la maladie … la malaria par exemple. Je connais quelqu'un qui travaille dans ce domaine, qui fait des recherches en Afrique depuis des dixaines d'années et qui me dit que l'utilisation des ordinateurs, la création des bases de données, le courrier électronique sont maintenant essentiels à son travail et que le jour où ils trouveront un vaccin contre la maladie s'approche beaucoup plus rapidement grâce à cette technologie. On ne peut nier que le souci de nourrir quotidiennement sa famille reste une priorité pour ces gens-là mais si on pouvait éliminer ce genre de maladie grave, alors là je vois bien l'importance de l'informatique, même dans les coins du monde moins développés.

D
Moi j'ai peur que l'on devienne trop dépendant à la technologie. Je travaille dans l'éducation nationale et je sais que le jour va bientôt arriver où si on ne sait pas se servir d'un ordinateur on sera considéré comme quelqu'un qui n'a aucun utilité, qui n'a rien à offrir, ce qui n'est pas vrai. En plus j'ai peur que l'informatique devienne un truc de jeunes et que la génération précédente y soit exclue … ce qui serait dommage.

E
Je ne suis pas d'accord pour dire que l'informatique est un domaine qui est exclusivement pour les jeunes. Au contraire, ce sont souvent les retraités qui ont le temps de s'en servir. Prenons le cas de mon grand-père qui s'est récemment abonnée à l'Internet. Il s'est beaucoup informé sur la Seconde Guerre Mondiale et s'est mis en contact avec beaucoup

d'autres qui s'y intéressent aussi. Il a maintenant de nombreux correspondants étrangers qu'il n'aurait jamais rencontrés sans l'Internet et le courrier électronique.

F

Comme tout ce qu'il y a de nouveau, il faut du temps pour l'accepter complètement. La voiture, le téléphone, l'avion … c'était pareil. Le problème est que le monde change si vite qu'il faut se tenir informé de ce qu'il se passe pour ne pas être désorienté dans ce monde nouveau.

a Students note ideas of speakers for and against the use of IT and divide their page accordingly.

b «Le jour n'est pas loin où quelqu'un qui ne sait pas se servir de l'informatique ne pourra pas exister dans le monde moderne.»
Students use what they have learnt and the support given to prepare for a class debate on the above title.

WORKSHEET

Extra 5

Travailler dans le multimédia

Students read the text on working in the multi-media sector.

a Certain infinitive verbs in the text should be left as infinitives, others conjugated appropriately.

Solution

réaliser	*développé*
faire	afficher
soient	programmer
construis	penser

b To demonstrate understanding of the text, students explain the work of Luc in 100 words.

c Students use a search engine to find out about *Le Petit Prince* and present what they have found out to the class.
More able students could be encouraged to read the text of *Le Petit Prince* and a project could be built around it.

Culture 5

Les poèmes de Prévert

a Students read the selected poem from the *Paroles* collection.
They should try to attribute to it the themes listed.

b *More able students* could then use these phrases as a basis for discussion of the poems and of their responses to it.

c It is hoped that teachers will take this opportunity to develop work on the poems of Prévert which could become a subject for coursework.

Grammaire 5

1 L'impératif

Students convert questions / suggestions into instructions by using the imperative of the person shown in brackets.

Solution
1 Vas au cinéma!
2 Passe nous voir!
3 Fais la vaisselle
4 Faites-lui un cadeau!
5 Taisez-vous!
6 Ne sois pas trop timide!
7 Appelle-le!
8 Fais tes devoirs!
9 Ne lui parlez pas comme ça!

2 Le subjonctif

Students use suggestions given to make 15 correct phrases using (or avoiding) the subjunctive. They should then translate their sentences into English.

Chapitre 6: Liberté, égalité, fraternité

Pages	Thèmes	Grammaire	Compétences	Techniques	Recherche sur Internet
102–106 Départ	La parité entre les hommes et les femmes	Les pronoms relatifs: qui / que	Faire un sondage Parler en improvisant Mots de la même famille		
107–116 Progression	Les associations caritatives: • Le Secours catholique • L'Etape La violence dans les écoles (les faits, sanction ou prévention)	Les pronoms démonstratifs: celui, celle, ceux, celles Le plus-que-parfait	Résumer un passage en français Traduire en anglais Participer à un débat Les faux amis		www.lexpress.fr www.geocities.com
117–118 Révision	Les sans-abris		Préparation à l'examen		
119–120 Extra	Extrait des *petits enfants du siècle* de Christiane Rochefort La vie dans les cités	Le passé simple	Le langage familier		

Départ

Page 102

1 Votre regard sur l'égalité hommes–femmes

Students listen to young people talking about equality between boys and girls.

> **Interviewer:** L'égalité entre homme et femme, ça existe? Que penses-tu, Cécile?
>
> **Cécile:** Oui et non. A l'école, par exemple, l'égalité règne mais il y a quand même des différences. Les mecs sont plus attirés par les sciences car c'est la filière la plus prestigieuse. Les garçons qui s'orientent vers les lettres sont moins considérés.
>
> **Interviewer:** Et toi, Claire, tu es d'accord?
>
> **Claire:** Oui et à la maison, c'est pareil. Mes parents me traitent de la même façon que mon frère aîné. En fait, ils sont plus cool: ils me laissent sortir alors que mon frère n'avait pas le droit de sortir quand il avait le même âge que moi. Mais, dans l'ensemble, je pense que les garçons sont plus facilement autorisés à sortir et à s'amuser que les filles. Nous sommes plus surveillées.
>
> **Interviewer:** Et, toi, Sophie, qu'est-ce que tu penses?
>
> **Sophie:** Les amis de mes parents trouvent étrange que j'emprunte la voiture de mon père pour sortir. De même, un garçon qui sort avec beaucoup de filles est souvent félicité alors qu'une fille qui fait la même chose est déconsidérée. C'est donc bien sur le plan des mentalités que les choses doivent changer.
>
> **Interviewer:** Toi, Léa, quelle est ton opinion?
>
> **Léa:** Tout à fait d'accord. Et dans les métiers aussi. Il y a des métiers typiquement masculins: déménageur par exemple et d'autres typiquement féminins: puéricultrice dans une crèche. Mais l'égalité de traitement arrive peu à peu dans les mœurs. Je suis étudiante en médecine et il y a autant de filles que de garçons dans ma promotion alors que ce n'était pas le cas pour la génération de mes professeurs.

Solution
1 Claire **2** Léa **3** Cécile **4** Sophie

2 Débat

Solution
1 b **2** c **3** e **4** d **5** a

3 Sondage sur l'égalité

a Students ask each other questions about roles at home.

b Students write the result of the survey.

Page 103

4 Vers l'égalité des sexes

a Students read a text on equality.

b Solution
  1 un combat
  2 une école d'institutrices
  3 qui naît
  4 interrompre une grossesse

c Solution
  liberation, libérer, freedom / to free
  une entreprise, entreprendre, a firm / to undertake
  une élection, élire, election / to elect
  une évolution, évoluer, evolution / to evolve
  les études, étudier, studies / to study
  un vote, voter, a vote / to vote
  une interruption, interrompre, interruption / to stop
  la protection, protéger, protection / to protect
  le harcèlement, harceler, harassment / to harass

d Students fill in a grid in English about the main events of the text to test their comprehension. Afterwards teachers could ask the same questions in French.

  Solution
  1861 Julie Daubié was the first woman to pass the Baccalauréat.
  1944 Women were granted the right to vote and to be elected.
  1960 was the start of the women's liberation movement.
  1967 Women could go on the pill.
  1975 Women could get any jobs, get a divorce by mutual consent and get an abortion.
  1992 Women were protected from sexual harassment at work.

Page 104

5 Que préférez-vous?

a Students listen to six young people talking about what they look for in a person of the opposite sex.

Salut! Je m'appelle Céline. Je déteste les garçons qui refusent d'aider à la maison.

Moi, c'est Jean-Luc. Pour moi, la fille idéale, c'est une fille qui ne cherchera pas l'égalité à tout prix.

Bonjour, je m'appelle Adrien. Moi la fille que je recherche c'est une fille qui prendra bien soin de moi.

Coucou! Moi, c'est Laurence. Moi je fuis les garçons que je trouve machos.

Salut! Je m'appelle Rachid. Je n'aime pas bien les filles qui veulent être égales aux hommes.

Bonjour, je me présente: Michelle. J'ai un penchant pour les garçons que je vois travailler dans la cuisine.

b **1** vrai
2 faux (il n'aime pas les filles qui se veulent égales à tout prix)
3 vrai
4 faux (elle les fuit)
5 faux (il n'aime pas les filles qui sont pour l'égalité)
6 vrai

c **Students fill in gaps with a relative pronoun and check with the cassette that their answers are correct.**
2 qui **3** que **4** qui **5** que **6** qui **7** que

Grammaire

The relative pronouns

Exercice 1
This is not a translation exercise. Students are asked to write which relative pronouns they would use.
1 qu' **2** qui **3** qui **4** que **5** qu' **6** qui
More able students: They could be asked to translate the sentences into French.

Exercice 2
1 que **2** qui **3** qui **4** que **5** qu'
6 que **7** qui

Page 105

6 **La parité**

a **Students read two articles about equality for women.**

Page 106

b **Solution**
1 c'est un moyen
2 notamment
3 elles donnaient suite
4 la moitié de l'humanité
5 en tout cas
6 s'engager en
7 de vrais débats politiques
8 un congé rémunéré
9 s'occuper
10 avoir accès à

c **Solution**
2 vrai
3 faux (elle remonte à 1975)
4 faux (depuis 1967)
5 vrai
6 vrai
7 vrai
8 vrai
9 faux (il a fait construire une crèche)
10 vrai

7 **Egaux ou pas égaux?**

Students listen to five people talking about equality and fill in blanks in the tapescript.

Première personne
Hommes et femmes sont nés égaux. Malheureusement, la femme n'a pas toujours été considérée comme son égale par l'homme.

Deuxième personne
Les hommes et les femmes sont deux êtres différents. Pourquoi est-ce que les femmes cherchent à tout prix à ressembler aux hommes? L'égalité n'existera jamais. Même si elle a acquis les mêmes droits, la femme ne peut être l'égale de l'homme dans certains domaines.

Troisième personne
Du fait de sa libération, la femme a perdu un certain prestige ...

Quatrième personne
C'est un peu la faute de la publicité qui nous présente la femme comme un objet érotique ou encore comme une ménagère idéale. Ce ne sont que des stéréotypes démodés. La femme est aussi capable, responsable et indépendante que l'homme.

Cinquième personne
Moi, je suis entièrement pour mais attention! Qu'il s'agisse bien d'égalité et non pas d'un changement de domination par les femmes.

Solution

1 égaux **2** pareille **3** différents **4** ressembler
5 l'égalité **6** droits **7** libération **8** objet
9 ménagère **10** égalité **11** domination

The first worksheet could be done at this point.

8 L'émancipation: réalité ou fiction?

Students have to prepare a three-minute talk on women's liberation. A brainstorming session beforehand would be useful. Teachers should draw their students' attention to the strategy box: how to go about giving a talk.

WORKSHEET

Départ 6

This worksheet could be done after exercise 7 of the basic section p. 106.

Solutions possibles

Extrait 1
a Au lycée, filles et garçons sont égaux.
b Elle commence après le lycée.
c Elle renforce l'inégalité avec le masculin et le féminin.

Extrait 2
a Elle est scandalisée par ceux qui pensent que les garçons sont supérieurs aux filles dans tous les domaines.

b On retrouve les garçons en majorité.

Extrait 3
Il pense que les femmes se surestiment et ne se rendent pas compte des difficultés. D'autre part, elles ont souvent un complexe d'infériorité.

Extrait 4
Il a une attitude macho car il pense que la place des femmes est à la maison.

Extrait 5
Selon Daphné, les filles ont plus de maturité que les garçons. C'est pour ça qu'elles réussissent mieux. Les garçons sont plus superficiels.

Progression

Page 107

1 Les associations caritatives

a Students read a letter about a charity.

b Solution
  1 faux (il y en a près de deux millions)
  2 faux (elle régresse)
  3 vrai
  4 faux (il est animateur)
  5 vrai
  6 vrai

Grammaire

The demonstrative pronouns

Exercice 1
1 celle **2** celui **3** ceux **4** celui **5** ceux
6 celles **7** celles

Page 108

2 Le Secours catholique

a Solution
  1 c
  2 e
  3 d
  4 a
  5 b

b Students read a text on one of France's charities: le Secours catholique.

c Solution
  1 b
  2 a
  3 b
  4 a

d Students listen to a news report about the Secours catholique.

> Journée nationale du Secours catholique aujourd'hui dimanche.
>
> L'association caritative qui célèbrera son demi-siècle d'existence l'an prochain fait appel à la générosité pour mener à bien ses missions mais elle a également besoin de bonnes volontés. Elle lance un appel aux bénévoles, Isabelle Daure.
>
> Isabelle Daure: Le nombre des bénévoles a presque doublé en dix ans au Secours catholique. Ils étaient 38 000 en 1985, ils sont aujourd'hui 72 000 et ils ne suffisent pas à la tâche. Les demandes d'aide sont de plus en plus nombreuses et de plus en plus variées. C'est une femme qui ne peut pas payer son loyer, un jeune à la dérive qui cherche du travail ou un groupe d'enfants à encadrer. Le Secours catholique a donc besoin d'argent mais également de bénévoles. 70% des bénévoles sont des femmes, 65% des retraités. Jacques Bolet est un ancien mécanicien de l'armée de l'air. Cela fait 15 ans qu'il aide les autres au Secours catholique. Il n'y a pas de profil type pour être bénévole. Un comptable aidera à gérer des familles en difficulté, un enseignant encadrera des enfants. Le Secours catholique a surtout besoin de bonne volonté et de temps, il demande 63 jours par an aux bénévoles qui s'engagent.

d Solution

1 50 years
2 38 000
3 72 000
4 a woman who cannot afford her rent / a young man looking for work / a group of children to mind
5 70%
6 65%
7 He was a mechanic in the air force
8 15 years
9 63

The worksheet Progression 6(a) could be done at this point.

Page 109

3 L'Etape

Students listen to a lady speaking about the charity she works for.

Journaliste: Nous faisons une émission qui doit passer sur Antenne 2 sur les associations caritatives. Alors Madame Amar, pouvez-nous nous parler de ces associations? Combien d'associations se consacrent à l'aide aux plus défavorisés en France, à peu près?

Madame Amar: Voyons, ... La Croix Rouge, St Vincent de Paul, Le Secours catholique, Le Secours Populaire, La fondation de l'Abbé Pierre et Emmaüs ... euh voilà les plus importantes.

Journaliste: Quel est leur but ... leur rôle?

Madame Amar: Chaque association a sa manière propre de travailler mais en fait elles sont toutes là pour aider les gens qui sont en difficulté. Certains reçoivent une aide alimentaire, d'autres financière ... Ça peut être de l'alimentation, aider les gens avec une démarche administrative, remplir des fiches ou alors diriger les gens vers les travailleurs sociaux ... quand les gens sont dans la confusion totale, ils ne maîtrisent plus rien, donc il faut les guider pour s'en sortir ...

Journaliste: Et vous, quel est votre rôle à l'Etape?

Madame Amar: Je suis la présidente. Nous sommes une association indépendante qui n'a aucune confession religieuse. La plupart des gens qui travaillent à l'Etape sont bénévoles mais nous employons aussi des travailleurs sociaux qui sont salariés et qui assurent la permanence, les finances, le secrétariat et le gardiennage ...

Journaliste: Parlez-nous un peu de l'Etape?

Madame Amar: Nous voulons avant tout avoir un rôle éducatif. Il y a une petite contribution de cinq francs ... en fait, c'est plus symbolique qu'autre chose. C'est un peu pour rendre la dignité aux gens. On esssaie de donner des repères à ceux qui n'en ont plus. Les cinq francs leur donnent le droit de dormir la nuit, de souper le soir, de prendre le petit-déjeuner le matin, la possibilité de laver leur linge, de prendre une douche ... Donc, le matin quand ils partent, ils sont frais et ils ne partent pas le ventre creux.

Journaliste: Et qui s'arrête à l'Etape?

Madame Amar: Il y a beaucoup de gens qui passent mais ils reviennent. Il y a des gens qui cherchent de petits travaux, donc comme c'est une région touristique, ils viennent au moment des vacances scolaires, au moment du ski. L'été, c'est pareil ... il y a des gens qui trouvent des petits travaux dans les hôtels, ils font la plonge par exemple. Mais il y a quand même plus d'hommes que de femmes. Je pense que les hommes ont une fragilité psychologique que les femmes n'ont pas. Les hommes sont vite perturbés à la suite d'une séparation. Il y a le chômage aussi qui est la clé de la détresse, les difficultés financières au sein d'une famille, le divorce: le mari s'en va. La plupart du temps, c'est lui qui prend la route, donc coupure avec la famille et c'est tout de suite la chute.

Journaliste: Y-a-t-il des solutions à ce problème?

Madame Amar: La solution, oui, il y en a une: donner du travail à tout le monde. L'homme n'est pas fait pour ne pas projeter son avenir, son lendemain. Et la grande détresse que nous rencontrons chez les jeunes, des jeunes qui ont à peine 20 ans, c'est qu'ils ne projettent rien. Donc ils vivent l'heure présente, le demain pour eux n'existe pas et je pense que c'est dramatique. C'est la jeunesse qui part à la dérive …

a **Solution**
1 faux (elle est présidente de l'association)
2 faux (certains sont bénévoles, d'autres sont salariés)
3 vrai
4 vrai
5 vrai

b **If a language laboratory is available, teachers might want to use it for this exercise. This exercise could be done as an assessment marked out of 10. (6 for content and 4 for the quality of the language.)**
Students should cover most of the following points:
– television progamme about charity organisation.
– help people with problems: not only financial help but also help with filling in forms etc …
– most workers are not paid but some e.g. social workers are paid.
– people looking for small jobs, people working in hotels, people who come during the holiday period.
– fee: five francs for a bed, dinner in the evening, breakfast in the morning, can do their washing and have a shower.
– people must be able to have a job: give work to everybody.

4 Alain

Students listen to the story of Alain. This introduces the pluperfect.

Je connais Alain depuis environ douze ans. Dans sa jeunesse, c'est un gars qui avait eu des difficultés d'insertion car il était marginal. Il acceptait mal les contraintes de la vie sociale. Son père était parti et il n'avait pas eu de modèle. Quand il est arrivé chez nous, il était très dépressif car il n'avait pas vraiment connu de vie familiale et cela lui manquait. On a eu besoin de lui pour transporter du matériel, faire de la peinture, déplacer du matériel électrique, des ordinateurs. C'est un gars qui sait tout faire de ses mains. Il nous a fait confiance et on est devenu sa famille en quelque sorte. Il a trouvé du travail et la suite vous la connaissez …

Solution
1 connais 2 est 3 avait eu 4 était 5 acceptait
6 était parti 7 avait eu 8 est arrivé 9 était
10 avait connu 11 manquait 12 a eu 13 est
14 sait 15 a fait 16 est devenu 17 a trouvé
18 connaissez

5 Chez nous

Using previous work students write about their chosen charity.
Less able students: They could be asked to write a paragraph rather than 200/250 words.

Grammaire

The pluperfect

Exercice
1 avait travaillé 2 avait fini 3 n'était jamais resté
4 j'avais entendu 5 avaient quitté 6 s'étaient retrouvées 7 j'étais sorti(e)

Page 110

6 Bus incendié dans l'Oise

b **Students read a newspaper article.**

c **Solution**
1 b 2 a 3 e 4 c 5 g 6 f 7 d

7 La peur de ma vie

Students listen and fill in gaps in the tapescript.

Moi, mon expérience est différente de celle des personnes du bus. Mais toujours est-il que j'ai eu très peur. Je m'en souviens bien. C'était un samedi soir. J'avais été invité à une boum et cela a failli mal se terminer. La soirée s'était bien passée et ma copine m'avait dit que je pouvais rester chez elle. Mais au dernier moment, j'ai changé d'avis et j'ai décidé de rentrer chez moi. Erreur! Je sentais que j'étais suivi. J'accélérais donc le pas mais j'avais de plus en plus peur. J'étais presqu'arrivé à destination quand trois types me sont tombés dessus et m'ont roué de coups. Ils n'avaient aucun motif si ce n'est le fait que je suis maghrébin. En tombant, je me suis fait mal aux jambes et j'ai dû arrêter de travailler. Et bien sûr, quand je ne travaille pas, je ne gagne pas d'argent. Mais heureusement, dans mon quartier, il y a

SOS-Racisme. C'est une organisation caritative qui aide les gens à prendre conscience et qui aide les gens comme moi qui ont été victimes d'attaques racistes. Je leur suis très reconnaissant car ils m'ont beaucoup aidé.

Solution
1 ai eu **2** invité **3** a failli **4** s'était **5** avait dit **6** sentais **7** étais suivi **8** accélérais **9** étais presqu'arrivé **10** suis fait **11** ai dû **12** ont été **13** ont beaucoup aidé

Page 111

8 Faits divers

Students read three newspaper articles about poverty in France and about two incidents that happened in France.

c **Solution**
1 vrai **2** faux (il y a dix ans oui mais maintenant cela concerne aussi les jeunes ménages) **3** vrai **4** vrai **5** vrai

Page 112

d **Solution**
1 The police opened fire on a youth.
2 last Sunday
3 He had stolen a 205 GTi.
4 About ten youths ransacked a train.
5 A 15-year-old was injured.
6 A 5-year-old was killed by a reckless driver.

e *Less able students*: They could use the text and only change the pronouns.
More able students: They could be asked to do this exercise from memory. They would then be more likely to use their own words.

9 La violence

a Students answer a questionnaire on violence.

b **Solution**
1 J'ai été frappé.
2 On m'a volé mes affaires.
3 J'ai été victime de racket.
4 J'ai peur d'être frappé.

c Students listen to a teenager who has answered the questionnaire.

Je viens au bahut en vélomoteur et je le laisse devant le portail. Comme le mardi j'ai sport, j'amène mes affaires de sport et je les laisse en général au gymnase entre midi et deux. Mardi dernier, quand je suis retourné les chercher … euh … elles n'y étaient plus. On me les avaient volées. Bon alors … euh … j'ai déposé plainte bien sûr mais j'avoue que maintenant j'ai peur. J'ai peur que la même chose se reproduise, qu'ils refassent la même chose … quoi … mais aussi que cette bande de vauriens obtiennent ce qu'ils veulent en utilisant la violence et les coups. Je ne suis pas vraiment peureux mais ça … euh … ça me fait peur: il y a de plus en plus de violence dans les établissements scolaires et ça m'angoisse.

Solution
1 Oui. On m'a volé mes affaires. **2** Oui. J'ai peur d'être frappé et qu'on me vole mes affaires.

d *Less able students*: They could be given the tapescript to work from and they could write the story first.
More able students: They should be encouraged to improvise: they should speak rather than read. The length will differentiate the students.

The third worksheet could be done at this point. The students are warned about 'faux amis' in a strategy box.

Exercice
1 Give me a bit of bread.
2 I forgot my dungarees.
3 She has nice teeth.
4 He has put his red jacket on.
5 He is good tempered.
6 We spent the day laughing.
7 These cakes are really good.

Page 113

10 Les collèges appellent à l'aide …

a Students read a text about violence in schools. Students should be encouraged to check the meaning of these words and to add them to their vocabulary file.

Solution
enseignant suspendre grèves réclamer échec encadrer agression canaliser valoriser établissement

b **Solution**
1 réclamer **2** s'intensifier **3** lutter **4** souligner **5** entraîner **6** canaliser

c Solution
2 ne s'applique pas **3** s'applique **4** s'applique
5 ne s'applique pas **6** s'applique **7** ne s'applique
pas **8** s'applique **9** s'applique **10** s'applique

Page 114

11 Que faire?

a Students listen to five people giving their opinion
on what could be done.

> Moi, à mon avis, oui, il faut des sanctions mais ce
> n'est pas la seule solution. Il est préférable
> d'éduquer les jeunes et de prendre des mesures
> préventives plutôt que de les punir … et je ne vois
> pas ce qu'il faudrait changer.
>
> Moi, je ne suis pas d'accord. Il faut que les
> mômes sachent que s'ils ont recours à la violence,
> ils vont payer. A présent, il n'y a pratiquement rien.
> Il faudrait quelque chose qui exerce un effet de
> dissuasion.
>
> Alors là pas d'accord. Cela ne résoudrait pas le
> problème. Les gamins qui s'ennuient en cours
> parce que l'école n'est pas bien adaptée … pas
> d'espoir … pas de lendemain … C'est l'école qu'il
> faudrait réformer.
>
> Oui, mais quand-même, je pense qu'il faudrait
> classer les sanctions par ordre de gravité.
>
> Il faudrait que ces sanctions ait un but … que les
> gamins apprennent en même temps que d'être
> punis … donc qu'elles soient éducatives.

a Solution
  5 **2** **1** **3** **4**

12 Le collège Jacques-Prévert à l'écoute …

Students have to fill in blanks in a questionnaire
about possible sanctions. Before they start
students should be advised to check the
construction of the words as well as the meaning.
e.g. convocation de, avertissement à.

Solution
verbale témoin punitions avertissement
retenue ou colle exclusion colle ou retenue
convocation dégradation conseil

13 Dernière heure

Students translate a passage into English: skill still
used by some exam boards; they are given advice
in a strategy box.

Page 115

14 Pour ou contre les sanctions

Before the debate, ask the students to read the
strategy box's advice carefully. Teachers might
also want to talk it through with their students,
discussing ways of making a good debate.

15 Violence: que se passe-t-il?

Students read a text about violence in schools.

a Solution
  1 b
  2 a
  3 b
  4 a
  5 a
  6 b

Page 116

16 Les emplois-jeunes

a Students listen to a lecturer speaking about these
new jobs. Teachers should warn their students
that what is printed in the book is only a summary
of what they heard. It is not the tapescript.

> La présence de jeunes adultes dans les
> établissements permettra au moins à la parole de
> circuler d'avantage. Car la violence se développe
> quand les malaises ne peuvent pas s'exprimer.
> Mais l'on ne pourra traiter le problème à la racine
> qu'en réformant l'institution. Celle-ci a besoin de
> plus de moyens (plus de personnel, des
> établissements plus petits) mais également
> d'effectuer un travail sur elle-même. Quand les
> adultes se déchirent entre eux, ne savent plus
> appliquer la loi ou rejettent certains élèves, tout
> cela incite à la violence. Et si les élèves en sont les
> principaux auteurs, ils en sont aussi les premières
> victimes, ne l'oublions pas.

b Solution
jeunes s'exprimer malaises à la racine
réformer l'institution personnel petits adultes
élèves premières

WORKSHEET

Progression 6a

This worksheet could be done after exercise 2 p. 108 in the core section to complete the work on the Secours catholique.

a Le Secours catholique recherche des jeunes bénévoles.

Plus de 18 ans, dynamique, aimant le contact humain: voici le profil des jeunes bénévoles que recherche le Secours catholique. A chaque fois, c'est une mission différente qui vous attend, avec un point commun: essayer de créer un véritable échange, de susciter la confiance. Au programme, du soutien scolaire, des visites de Paris pour redonner aux enfants défavorisés le goût de la culture et de l'école. A chaque fois, une seule exigence, la régularité. Auprès des personnes sans domicile fixe, c'est la disponibilité et l'ouverture d'esprit qui sont demandés. Il est également essentiel de rendre les personnes actrices de leur propre vie, de les remobiliser. Tout un travail humain qui ne demande pas tant du temps (environ deux heures par semaine) que de la régularité et de la volonté d'aider, d'accompagner les personnes en difficulté.

Solution
1 bénévoles **2** dynamique **3** humain **4** attend
5 confiance **6** soutien **7** défavorisés
8 exigence **9** sans domicile fixe **10** demandés
11 remobiliser **12** volonté **13** en difficulté

b Les Restos du cœur ont besoin de vous.

Les Restos du cœur sont une organisation caritative agréée qui depuis 1985 apporte une aide alimentaire aux personnes démunies, sous la forme de repas (sept par personne et par semaine l'hiver) à préparer chez soi: repas équilibrés et variés du type: pâtes, steak hâché, fromage, fruit. Ces denrées sont expédiées par l'Association nationale dans les départements. Nous avons besoin de vous pour les stocker, les conditionner et les livrer dans les centres de distribution où elles seront offertes aux personnes bénéficiaires.

Solution
1 besoin **2** caritative **3** alimentaire **4** démunies
5 équilibrés **6** expédiées **7** stocker
8 conditionner **9** livrer **10** bénéficiaires

Progression 6b

This worksheet could be done after exercise 9 p. 112 in the core section.
Exercise number 2 should only be done after a thorough exploitation of the text (questions in French, vrai ou faux statements etc …)

2 Solution
Didier a été tué lundi soir devant le cinéma. Il a reçu un coup de batte de base ball alors qu'il essayait de séparer deux jeunes qui se battaient. Les habitants de son village ont réagi deux jours plus tard et la télévision a organisé des débats sur cet évènement. Les copains de Didier ont été invités à la télévision. Ils disent qu'il est nécessaire d'être armé. Les jeunes de Seine-Saint-Denis rédigent un manifeste intitulé: Stop la violence. Ce manifeste a eu beaucoup de succès.

c Students listen to a Head Teacher about her school.

Ce plan fera au moins que chacun se secoue pour imaginer et créer des solutions propres à son établissement, car il n'y a pas de recette applicable partout. Ici, on donne la parole aux élèves chaque semaine pour qu'ils expriment d'éventuels malaises. Cette heure de «vie de classe» est animée par un professeur principal. On remarque que les conflits sont ainsi plus vite dénoués. Par ailleurs, nous montons actuellement un «atelier de civilité» où des élèves de troisième, formés spécialement, interviendront auprès des perturbateurs pour leur indiquer les marques de civilité d'usage: la politesse, l'entraide, etc … Nous espérons qu'ensuite ces élèves donneront l'exemple au lycée.

d Solution

2 vrai   **3** faux (ils ont la parole toutes les semaines)
4 vrai   **5** faux (elle est animée par un prof principal)
6 faux (ce sont des élèves de troisième qui ont été formés)   **7** vrai   **8** vrai

17 Reportage

Students write an article to express their views on this initiative.
Differentiation: The length of the article will differentiate between students.

Révision

Page 117

The following two pages could be given as an assessment.

1 Les sans-abris

a Students read an article about the homeless.

Page 118

b Solution
1 les exclus
2 un sans-abri
3 n'ont pas les moyens de financer
4 les pouvoirs publics
5 la moitié des lits
6 sillonnent les rues
7 les décès causés par le froid
8 ceux qui sont démunis

(8 points)

c Solution
1 mis   **2** louer   **3** nombreux / les   **4** soient
5 de / de   **6** qui   **7** prévue   **8** ceux / deviennent
9 aidant

(12 points)

d Students write a letter about how they feel about homelessness and possible solutions.
Differentiation: the length of the letter will differentiate the students.

2 Interview avec Jojo

a Students listen to an interview with a homeless person.

> **Journaliste**: Jojo, tu habites dans la région parisienne et ça fait longtemps que tu es SDF?
>
> **Jojo**: Non, ça fait pas très longtemps, environ six mois.
>
> **Journaliste:** Pourquoi as-tu décidé de quitter le domicile familial?
>
> **Jojo:** C'était plus vivable. Je ne me suis jamais bien entendu avec mon père … euh … il y a toujours eu plus ou moins de disputes mais ce qui a fait déborder la coupe, c'est quand j'ai décidé d'abandonner la fac. Quand j'ai été reçu au bac, mon père a insisté pour que je m'inscrive à la fac. J'ai duré six mois et je me suis vite rendu compte que la fac … eh ben … c'était pas pour moi. Et alors là, c'était menace sur menace: 'Je vais te mettre dehors' qu'il me disait … 'Si tu veux abandonner, d'accord mais va te chercher un boulot'. Alors j'en ai eu assez et je suis parti. J'avais un pote qui habitait dans une cité à Sarcelles et il m'a hébergé pendant un certain temps. Malheureusement, quand il a déménagé, je me suis retrouvé à la rue.
>
> **Journaliste:** Et ton père, quelle a été sa réaction à ton départ?
>
> **Jojo:** Bof, mon père, il s'en moque. En fait, je suis sûr qu'il est plus tranquille comme ça. Il a moins de tracas.
>
> **Journaliste:** La vie d'un SDF, ça doit être difficile … non …?
>
> **Jojo:** Oui, surtout au commencement, j'avoue que j'ai eu des problèmes d'adaptation. Ce qui m'est le plus difficile, c'est en hiver quand il commence à faire froid et aussi, les commentaires des gens: 'Va chercher du travail' ou encore: 'Si ce n'est pas malheureux … mendier …'. Mais il y a quand même des gens qui s'arrêtent et qui parlent. Ça … eh ben … ça réconforte.
>
> **Journaliste:** Et quels sont tes endroits préférés?
>
> **Jojo:** Sans hésitation, les bords de la Seine.
>
> **Journaliste:** Et maintenant, l'avenir?
>
> **Jojo:** L'avenir! Eh ben, ça me fait un peu peur. Alors de temps en temps je bois un petit coup pour échapper au quotidien, quoi! … Si c'était à refaire, peut-être que je serais resté plus longtemps à la fac … enfin je ne sais pas … c'est pas sûr.

Solution
2 4 7 8 9 11 13 15   *(8 points)*

b Tell the students to write in full sentences as the quality of the language will be assessed.

Solution

1 dans la région parisienne (1)
2 depuis six mois (1)
3 les disputes avec son père (1)
   les menaces (1)
4 il a passé le bac (1)
   il est resté six mois (1)
   en fac (1)
5 il est indifférent ou il s'en moque (1)
   il aura moins de problèmes (1)
6 les gens qui s'arrêtent et qui parlent (1)
7 pour échapper (1)
   au quotidien (1)

3 Interview

Less able students: **They could be given the tapescript to help them with the interview.**
More able students: **They could be more adventurous with the language.**
Differentiation: **The length of the interview will differentiate between the students.**

Extra

Page 119

1 Les Petits Enfants du siècle

a **Solution**
   1 c 2 d 3 a 4 e 5 b

b **Students read an extract from the book.**
   Teachers might want to draw the attention of their students to the colloquial style of the passage.
   They could ask their students to find examples of it.

   Solution
c **1 a 2 b 3 b 4 c**

Page 120

Grammaire

The past historic
This is for recognition only although more able students might want to try and use it.

Exercice
elle s'arrêta → (infinitive) s'arrêter, (passé composé) elle s'est arrêtée.
ils calculèrent → (infinitive) calculer, (passé composé) ils ont calculé

il mit → (infinitive) mettre, (passé composé) il a mis
papa lui fila → (infinitive) filer, (passé composé) papa lui a filé.

2 Sarcelles

Students listen to Rachida who talks about her life in a big block of flats.

On est arrivé dans les années 70. On a quitté l'Algérie parce que, là-bas, c'était plus possible. Mon père a trouvé un emploi chez Renault. Il est soudeur. On habite à Sarcelles dans une cité-dortoir. Les gens ici nous rejettent: c'est vrai qu'on a une culture différente. Et aussi ils pensent qu'on prend le travail des Français et qu'on est responsable du chômage. La vie à la cité, c'est pas marrant. Beaucoup de jeunes font l'école buissonnière car ils ne voient pas l'intérêt d'y aller parce qu'ils n'ont aucun espoir de trouver du travail. Il sont désœuvrés, alors ils font les 400 coups: ils rackettent les autres jeunes, ils volent, certains agressent des personnes âgées ou encore saccagent des voitures.

Solution

1 les années 70   2 l'Algérie   3 chez Renault
4 cité-dortoir   5 rejettent   6 différente
7 chômage   8 marrant   9 aucun espoir
10 désœuvrés   11 rackettent   12 volent
13 agressent   14 saccagent

3 Interview

Less able students: **They could be given the tapescript to help them with the interview.**
More able students: **They could be more adventurous with the language.**
Differentiation: **The length of the interview will differentiate between the students.**

4 La cité du désespoir

This is the last writing task of Book One and there is less guidance. Students should look back at the work done in this unit but also at any previous work relevant to the task.

WORKSHEET

Extra 6

This worksheet could be done at the end of the unit.

1   Students could be asked the reason for their choice:
    e.g. **la progression** because **accroissement** and **augmentation** both start with a vowel.

Solution
progression contre promet installé chuté moyenne nationale celui immeubles taux a ailleurs s'entraînent devenu

2   Students could be asked questions in French from memory.

3   Teachers could select a few sentences from the text and translate them into English. They could then ask the students to retranslate them into French.

Culture 6

Exercice 1 a

Solution
a   vrai
b   faux (de la drogue, d'une overdose)
c   faux (27 ans)
d   vrai
e   vrai

Exercice 1 b

Solution
1 célèbre   2 lui   3 apparaissaient   4 droguait
5 bourgeoise   6 renvoyer   7 parti   8 ville
9 d'existence   10 connaissait

Exercice 2
While a student does his 'exposé', other students could be asked to take notes about what is being said and contribute positively by asking questions and / or expressing their opinions.

Grammaire 6

This worksheet can be given at the end of the unit as assessment to revise the different grammar points or independently.

1   a qui b qui c qu' d que e qui / qui
2   a celui b ceux c celles d celui e celle
3   a J'avais travaillé.
    b Il avait choisi.
    c Ils n'étaient jamais partis.
    d Elle avait beaucoup erré.
    e La police s'était trompée.
    f Ce SDF avait déjà trop bu.
4   a Voici la lettre que j'ai reçue hier.
    b Je me suis rendu(e) compte que j'avais oublié de répondre à la question.
    c Voici le SDF que j'ai vu hier.
    d J'étais sorti(e) quand cela s'est passé.
    e Cette organisation est celle que je soutiens.
    f L'article que j'ai lu dit qu'il y a de plus en plus de SDF.
    g Il n'avait jamais dormi dehors.

Départ 1

Nom:_____   Classe: _____

Les jumeaux

Lisez ce texte écrit par une maman au sujet de ses enfants jumeaux. Sonia et Sylvain ont tous les deux six ans.

Sonia et Sylvain ont toujours fait beaucoup de choses ensemble. Ils ne sont pas identiques bien sûr mais ils se assemblent en beaucoup de choses. Ils aiment les mêmes émissions à la télévision, la même musique (pour le moment) et ils sont tous les deux très intelligents. Il y a, pourtant des différences. Sylvain est beaucoup plus timide que sa sœur et il préfère que ce soit elle qui fasse les premiers pas. A l'école, ils aiment tous les deux la lecture et la musique mais Sonia n'est pas si douée en maths. Ils ont beaucoup d'amis et ils jouent ensemble pendant la récréation, selon le professeur. Ils ont beaucoup d'activités en dehors de l'école. Sylvain joue au football, Sonia fait de la danse classique et ils font de l'équitation. Quand ils étaient petits, on les habillait de la même façon mais maintenant, c'est différent. Sylvain aime les vêtements très décontractés mais Sonia aime porter des robes et elle est très enthousiaste des couleurs vives. Le week-end, ils aiment bien se lever plus tard.

a Regardez bien les phrases qui sont soulignées. Copiez et remplissez cette grille en recopiant ces phrases dans la bonne catégorie. Mais, attention! Vous devez aussi travailler sur les phrases car chacune va commencer par «Nous ...» ou par «Je ...».
Vous allez donc devoir aussi changer quelquefois le verbe et les adjectifs possessifs.

Sylvain	Sonia	Tous les deux
1 Je joue au football.	1 Je fais de la danse classique.	1 Nous aimons la même musique.

b Imaginez que vous avez un frère jumeau ou une sœur jumelle et que vous vous ressemblez beaucoup. Décrivez vos goûts et une journée typique. Utilisez au minimum les verbes suivants à la forme correcte. Recherchez d'abord la forme correcte pour 'nous'.

Exemple: porter = nous portons

infinitif	nous	infinitif	nous
aimer		faire	
jouer		boire	
manger		devoir	
choisir		pouvoir	
entendre		s'habiller	
aller		se réveiller	
être		se coucher	

c Lisez ce que vous avez écrit à votre partenaire qui doit faire un reportage dessus à la classe. Attention! Cette fois-ci, la majorité des phrases commenceront par 'Ils ... / elles ...'

Exemple: Jane et sa sœur jumelle:
            Elles font beaucoup de choses ensemble. Par exemple elles ...

Progression 1a

Nom: _____   Classe: _____

Essentiel: le petit-déjeuner

Lisez cet extrait d'un article sur la santé des enfants:

Après une nuit de sommeil, les apports nutritionnels de la veille sont épuisés. L'organisme a brûlé 600 calories environ pour assurer les battements du cœur, la respiration et le renouvellement des cellules ... Il faut donc les reconstituer chez les petits, comme chez les grands. Normalement, le petit-déjeuner devrait être un moment d'échange où toute la famille partage un repas convivial avant de se séparer pour une longue journée. Si les horaires de chacun rendent ce rendez-vous impossible, les parents doivent, de toute façon, éviter d'avaler rapidement une simple tasse de café, sinon ils auront du mal à imposer à leur progéniture de manger correctement.

Vos enfants boudent le petit-déjeuner? N'hésitez pas à les réveiller dix minutes plus tôt. Parfois, certains n'ont pas faim immédiatement après le réveil. Si vraiment un enfant refuse de manger le matin, le parent peut glisser des petits gâteaux dans son cartable ou une barre de céréales qu'il pourra grignoter pendant la récréation.

Pour être équilibré et complet, le petit-déjeuner doit comporter nécessairement un laitage (bol de lait ou yaourt) source de protéines et de calcium, un produit céréalier (pain, biscottes, cornflakes) pour apporter de l'énergie et un fruit, éventuellement pressé, qui est riche en vitamines.

Le lait chocolat est, par excellence, la boisson du matin, mais votre enfant peut aussi boire de l'eau, tout simplement, ou un thé léger pour les plus grands. En revanche, les sodas, trop riches en sucre, sont à éviter.

Des études menées en Suède sur deux groupes d'enfants ont montré que ceux qui prennent un petit-déjeuner insuffisant commettent 'un plus grand nombre d'erreurs dans les tests de calcul et de grammaire'. Faut-il alors 'gaver' son enfant le matin? Au contraire, tout repas trop copieux diminue la vigilance et les capacités de concentration. Il faut donc se garder de tomber dans l'excès inverse. Equilibre alimentaire, calme et bonne humeur: la recette idéale pour bien démarrer une journée d'école.

a   Trouvez un équivalent à ces expressions dans le texte que vous avez lu:

Exemple   **1** vides = épuisés

1 vides   _____

2 il est nécessaire de   _____

3 trop léger   _____

4 se méfier   _____

5 tous ensemble   _____

6 boire   _____

7 refusent   _____

8 des produits laitiers   _____

9 utilisé   _____

10 gorger   _____

b   Complétez ces phrases avec un seul mot pour résumer le texte:

1 Après avoir dormi, il est très important de _____ un petit-déjeuner.

2 Les enfants sont quelquefois très _____ pour la nourriture le matin.

3 L'idéal est de prendre le petit-déjeuner _____

4 Ce qui est important, c'est un petit-déjeuner _____ en vitamines, protéines et calcium.

5 Il faut _____ le matin aussi bien que manger.

c   Ecrivez une lettre à un magazine pour les parents. Imaginez que vous êtes mère ou père de famille qui est très inquiet de ce que mange (ou ne mange pas) son enfant pendant la journée.
- Expliquez vos inquiétudes.
- Enumérez ce que votre enfant mange et boit en général.
- Posez des questions au magazine.

d   Lisez la lettre de votre partenaire et écrivez une réponse en vous servant des phrases du texte que vous avez lu.

Progression 1b 📼

Nom: _____ Classe: _____

Dormez bien!

Vous refusez la cigarette et la drogue? Vous prenez assez d'exercice? Vous mangez sainement? Vous ne buvez pas trop d'alcool? Si vous répondez 'oui' à toutes ces questions, vous menez probablement une vie saine.
MAIS, si vous ne dormez pas asssez, ou si vous passez des nuits très perturbées, vous risquez de dévaloriser tout ce que vous avez fait de bien pour votre corps pendant la journée.

a Avant de faire les activités ci-dessous, essayez de créer votre propre glossaire de tous les mots associés au thème du sommeil. Voici une liste pour vous aider. Chercher les mots que vous ne connaissez pas dans un dictionnaire bilingue.

français	anglais		français	anglais
le sommeil			rêver	
le lit			un rêve	
l'oreiller			un cauchemar	
la fatigue			faire un chauchemar	
fatigué			le cerveau	
ronfler			profond	
dormir			la profondeur	
le repos			se réveiller	
les paupières			l'éveil	

b Ecoutez ces trois personnes, Louise, Hélène et Yves, qui parlent de leurs propres habitudes nocturnes et lisez ces phrases. Qui parle à chaque fois?

Exemple: **1** = Louise

1 Qui dort très bien? _____

2 Qui faisait des chauchemars quand elle était petite fille? _____

3 Qui n'aime pas dormir seule? _____

4 Qui met beaucoup de temps à s'endormir? _____

5 Qui dort pendant la journée? _____

6 Qui ronfle? _____

7 Qui est énervé par les habitudes de son partenaire? _____

8 Qui dort pendant neuf heures? _____

9 Qui est souvent fatigué le lendemain? _____

10 Qui dormait bien avant? _____

c Discutez vos propres habitudes en matière du sommeil avec votre partenaire. Utilisez au maximum le vocabulaire que vous avez appris.

Extra 1

Nom: _____ Classe: _____

La Jalousie

<u>Alain ROBBE-GRILLET</u> est né en 1922. Il a écrit *La Jalousie* en 1957.

La Jalousie met en scène trois personnages, le narrateur, sa femme, qu'il appelle toujours A …, et Frank, qui, à ce que l'on suppose, est l'amant de A … Le narrateur, un mari qui surveille sa femme de très près pour confirmer ses soupçons, est au centre de l'intrigue car il ne raconte que ce qu'il voit, ce qu'il entend et ce qu'il sent.

Lisez l'extrait suivant et répondez aux questions:

Adossé à la porte intérieure qu'elle vient de renfermer, A …, sans y penser, regarde le bois dépeint de la balustrade, plus près d'elle l'appui dépeint de la fenêtre, puis, plus près encore, le bois lavé du plancher.

Elle fait quelques pas dans la chambre et s'approche de la grosse commode, dont elle ouvre le tiroir supérieur. Elle remue les papiers, dans la partie droite du tiroir, se penche et, afin d'en mieux voir le fond, tire un peu plus le casier vers elle. Après de nouvelles recherches elle se redresse et demeure immobile, les coudes au corps, les deux avant-bras repliés et cachés par le buste – tenant sans aucun doute une feuille de papier entre les mains.

Elle se tourne maintenant vers la lumière, pour continuer sa lecture sans se fatiguer les yeux. Son profil incliné ne bouge plus. La feuille est de couleur bleue très pâle, du format ordinaire des papiers à lettres, et porte la trace bien marquée d'un pliage en quatre.

Ensuite, gardant la lettre à la main, A … repousse le tiroir, s'avance vers la petite table de travail (placée près de la seconde fenêtre, contre la cloison qui sépare la chambre du couloir) et s'assied aussitôt, devant le sous-main d'où elle extrait en même temps une feuille de papier bleu pâle – identique à la première, mais vierge. Elle ôte le capuchon de son stylo, puis, après un bref regard du côté droit (regard qui n'a même pas atteint le milieu de l'embrasure, situé plus en arrière), elle penche la tête vers le sous-main pour se mettre à écrire.

a **Lisez ces phrases plus simples et remettez-les dans le même ordre que les actions d'A … décrites dans l'extrait.**

1 Elle lit la lettre. ☐

2 Elle entre dans la chambre. ☐

3 Elle cherche dans le tiroir. ☐

4 Elle commence à écrire. ☐

5 Elle ferme le tiroir. ☐

6 Elle prend une deuxième feuille de papier. ☐

7 Elle s'assied à la table. ☐

b **Parmi les actions d'A … décrites dans cet extrait, lesquelles montrent que les soupçons du narrateur sont peut-être fondés? Décidez entre certain, peut-être et pas du tout. Justifiez votre réponse.**

Exemple: Elle lit une lettre = peut-être, si la lettre vient d'un amant

1 Elle se trouve toute seule.
2 Elle est dans sa chambre.
3 Elle écrit une lettre.
4 Elle ne parle pas.

5 Son papier à lettres est bleu pâle.
6 Avant d'écrire, elle jette un bref regard du côté droit.
7 Elle remue les papiers dans son tiroir.
8 Elle se tourne vers la lumière pour écrire.

c **Imaginez que vous êtes détective privé et que vous devez suivre et surveiller de très près les actions de quelqu'un qui est soupçonné d'une aventure amoureuse par son / sa partenaire.**
Vous avez un petit magnétophone et vous enregistrez un reportage sur tout ce qui fait personne X pendant une matinée. Faites la présentation de votre reportage très détaillé devant la classe.

Culture 1 ☰

Nom: _____ **Classe:** _____

1 Le cinéma en France

La fréquentation des salles de cinéma par les Français, après avoir diminué, s'est stabilisée et même a augmenté. Mais quels sont les goûts des Français en matière du cinéma et de films? Ecoutez Pierre-Jean Mandret qui enseigne à l'Université de Toulouse et qui a mené une série d'études sur les motivations et les goûts des spectateurs.

a Répondez brièvement aux quatre questions ci-dessous:

1 Qui va au cinéma? _____

2 Quand va-t-on au cinéma? _____

3 Comment y va-t-on? _____

4 Combien de fois par mois? _____

b Que demandent les Français d'un film quand ils vont au cinéma?
Lisez ce que disent ces jeunes gens et puis répondez aux questions qui suivent:

Fabienne   L'important pour moi est que le film me fasse rire.

Danielle   Pour moi une intrigue policière qui me tient en haleine c'est le genre de film que je cherche quand je vais au cinéma.

Damien   Ce que je demande surtout c'est que le film soit en VO. J'aime bien les films étrangers mais je ne supporte pas le doublage.

Frank   Moi, je suis plutôt attiré par les films qui racontent une histoire d'amour et d'amitié plutôt que d'action et de violence.

Sabrina   Ce que j'aime bien, moi, c'est un film dont l'action se déroule dans le passé.

Eloïse   Un film qui me fait réfléchir ... qui aborde les grandes questions de la vie.

Qui ...

1 préfère les films sentimentaux? _____

2 préfère les comédies? _____

3 préfère un film sous-titré? _____

4 préfère un film qui traite de sujets difficiles? _____

5 préfère les films historiques? _____

6 préfère les films à suspense? _____

Et vous? Que demandez-vous d'un film?

2 Les Prix 'César'

Travail de recherche

Les 'César' sont depuis 1975 reconnus comme prix très importants dans le monde du cinéma français et, de plus en plus, dans le domaine du cinéma international. Leur réputation atteint aujourd'hui celle des Oscars américains. Celui et celle qui gagnent le prix 'meilleur espoir masculin et féminin' deviennent souvent les vedettes, non seulement en France mais souvent en Europe ou même aux Etats-Unis. Voici quelques anecdotes et de souvenirs des 'Césars'.

1985 Coluche lit la lettre d'Alain Delon. Jeanne Moreau chante au cours de l'hommage à François Truffaut.

1986 Le succès de 'Jean de Florette'.

1987 Sean Connery entraîne Jeanne Moreau dans une valse.

1993 La grande réussite des 'Nuits Fauves'.

1998 Johny Halliday remet un César d'honneur à Jean-Luc Goddard.

Film? Acteur / actrice? Metteur en scène? Chanteur?
Choisissez chacun un des noms soulignés dans ce texte. Faites d'abord des recherches sur l'Internet ou en utilisant un CD-rom comme *Encarta* en français et puis faites une présentation à la classe de deux à trois minutes sur la personne ou le film que vous avez choisi.

Grammaire 1

Nom: _____ **Classe:** _____

1 *Possessive adjectives*

Exercice
Mettez l'adjectif possessif en français:

Exemple: (My) mari a trente-cinq ans = Mon

1 Je prends (my) petit-déjeuner dans la salle à manger.   _____

2 Nous aimons beaucoup nous promener avec (our) dogs.   _____

3 Où faites-vous (your) études?   _____

4 Il a emprunté (their) voiture.   _____

5 Il sort avec (his) copine.   _____

6 Elle sort avec (her) copine.   _____

7 Il sort avec (his) copains.   _____

8 Ils sont très patients avec (their) enfants.   _____

2 *Reflexive verbs*

Jeannot le lapin fou

Ecoutez et lisez cet extrait des aventures de Jeannot le lapin fou.

a **Remplissez les blancs dans le texte:**

Aujourd'hui Jeannot, le lapin fou, ___(1)___ de prendre un bain. Il ___(2)___. Il ___(3)___ sa serviette et son savon Christian Dior.

Il ___(4)___ dans l'eau … un pied, puis l'autre …

Elle est bonne.

Et il ___(5)___ à ___(6)___.

Je ___(7)___ les pieds, je ___(8)___ la tête. Je ___(9)___ du savon. Il ___(10)___ si bon. Je ___(11)___ dans l'eau.

Il ___(12)___ qu'il ___(13)___ lire quand il ___(14)___. Il ___(15)___ son journal.

Mais … Que ___(16)___ -t-il? Il ___(17)___ le temps, il ___(18)___, son journal ___(19)___ dans l'eau et il ___(20)___ soudain, la tête sous l'eau et son journal mouillé!

Il ___(21)___ de ne plus ___(22)___ de bains et de ___(23)___ d'une douche!

b **Ecrivez et enregistrez encore une aventure pour Jeannot. Exemple: Jeannot se couche … Jeannot va à la piscine … Jeannot fait du ski etc.**

3 *Negatives*

Exercice
Complétez ces phrases négatives. Utilisez la correcte forme du verbe entre parenthèses:

Exemple: Je ne … la différence entre les deux. (voir)
           = *Je ne vois pas la différence entre les deux.*

1 Je n'aime pas porter de T-shirts. Je n'en _____ (porter)

2 Nous sommes fatigués et donc nous ne _____ aller _____ demain. (vouloir)

3 Tout va bien. Je ne _____ problème (avoir)

4 On va souvent à Paris mais on ne _____ la Tour Eiffel. Elle est trop haute! (monter)

5 Je n' _____ en Italie (2 négatifs). J'en ai marre! (aller)

Départ 2

Nom: _____ **Classe:** _____

Ecoute

1 Cochez dans la liste ci-dessous les mots que vous entendez en écoutant la cassette.

vouloir	championne	balade	équitation	travail	passionnée	volonté
études	progression	séduite	faire des progrès	gentillesse	espoirs	footing
étudier	jogging	attirée	rêve	gentil	passion	
rêveur	champion	randonnée	travailler	la natation	poires	

2 Ecoutez la cassette une deuxième fois et remplissez le tableau suivant.

Nom de la jeune fille: _____

Age: _____

Sports pratiqués: _____

Qualités principales: _____

Intérêt du sport pratiqué actuellement: _____

Son rêve: _____

3 Avant de lire le texte ci-dessous qui raconte l'histoire du VTT, cherchez les mots suivants dans un dictionnaire si vous ne les connaissez pas déjà:
pédestre   un dénivelé   l'endurance   un terrain facile

VTT: SPORT A LA MODE

C'est un sport jeune mais il a néanmoins une longue histoire. Il a vu le jour en Californie dans les années 70. A l'époque, des fous du vélo descendaient les pentes sur des vélos de plage trafiqués. De nos jours, les champions atteignent 200 km/h sur des VTT équipés des meilleurs composants et des meilleurs matériaux. Ce drôle de vélo a donc fait son chemin.

Il est bien évident que le VTT a relancé l'industrie du cycle. En France, le phénomène a pris seulement à la fin des années 80. C'est alors que l'idée est venue aux fabriquants de construire des bicyclettes pour aller ailleurs que sur des routes goudronnées. Ces nouveau-nés peuvent parcourir chemins et sentiers en quête de grands espaces et de randonnées nature. En tout cas, le VTT a progressé de façon spectaculaire.

Ecrivez un mot de la même famille que les mots qui suivent. Vous trouverez ces mots dans le texte.

Exemple: démodé   réponse: mode

1 sportif _____   **2** jeunesse _____

3 longueur _____   **4** folie _____

5 descente _____   **6** trafiquer _____

7 équipement _____   **8** cheminer _____

9 cycliste _____   **10** finir _____

11 fabriquer _____   **12** construction _____

13 goudron _____   **14** parcours _____

15 espacer _____   **16** randonneur _____

17 progression _____   **18** spectacle _____

Progression 2a

© Pearson Education 2000

Nom: _____   **Classe:** _____

Lisez l'article ci-dessous.

A

Le dopage nécessaire? Dans le monde entier, des athlètes sont impliqués dans des affaires de dopage. Les athlètes de haut niveau sont-ils en mesure d'éviter le dopage?

Tous les sportifs, qu'ils soient footballeurs ou cyclistes, doivent enchaîner entraînements et compétitions. Mais les efforts qu'on leur demande sont surhumains et ils ne sont pas à l'abri de la souffrance, de la fatigue, voire de l'épuisement. D'autre part, les carrières sortives sont éphémères et les sportifs ne peuvent attendre que les résultats arrivent. Il leur faut des résultats et tout de suite ... Ils s'entraînent donc intensivement, souvent à la limite de l'excès, et les résultats sont nuisibles pour leur santé. Le cœur et les artères sont souvent atteints.

Et lorsque la santé est en jeu, il faut choisir. De deux choses l'une: il faut soit ralentir l'entraînement et les compétitions, soit être suivi médicalement.

Le sport est devenu un spectacle et il est trop tard pour arrêter cet état de fait: il y a d'énormes enjeux financiers et le public veut du spectacle. Et les médias entretiennent cet engouement du public.

Et le médecin? direz-vous. Il est là pour protéger la santé du sportif en veillant à ce que le sportif continue à faire des performances tout en étant en forme. En fait le dopage n'est pas forcément néfaste. S'il est bien utilisé, il peut améliorer la santé.

En sanctionnant le dopage chez les sportifs professionnels, on se méprend. Les cyclistes du Tour de France passent des semaines sur leur vélo et descendent des pentes à une vitesse vertigineuse. Ils attirent ainsi public et sponsors et personne ne trouve rien à redire. Mais s'ils prennent un comprimé pour pouvoir continuer la course, on dit qu'ils se dopent et qu'ils courent un risque inacceptable. Alors que tout le monde est d'accord: certaines formes de dopage améliorent les performances. Et on sait aussi que les contrôles anti-dopage ne sont pas vraiment infaillibles.

Il est impossible de mobiliser les forces de police en permanence. Par conséquent, le dopage est inévitable. Au cours des trente dernières années, les autorités ont échoué à interdire le dopage de façon lamentable. Il est temps de reconnaître qu'il y a deux sortes de risques: les risques courus par les sportifs qui se dopent et ceux courus par les sportifs qui sont soumis à une activité physique extrême.

Les premiers mots de chaque ligne sont tirés de l'article ci-dessus. Trouvez un ou deux synonymes parmi les trois mots proposés.

1 nécessaire   *a* indispensable   *b* inépuisable   *c* essentiel

2 un entraînement   *a* un entourage   *b* une pratique   *c* un exercice

3 un excès   *a* un abus   *b* une exception   *c* une excuse

4 sanctionner   *a* punir   *b* reproduire   *c* réprimer

5 inacceptable   *a* inconcevable   *b* inadmissible   *c* inabordable

6 infaillible   *a* bon   *b* efficace   *c* effacé

Progression 2b

Nom: _____   **Classe:** _____

B

Un athlète ne se dope pas uniquement parce qu'il fait du sport à haut niveau. C'est la compétition qui le pousse à se doper. Le dopage a commencé à se développer dans les années 60 avec l'entrée en scène des hormones. Le monde du sport va alors prendre une image différente. Aujourd'hui, le dopage est partout. Certains sports tels que le cyclisme, la natation et l'athlétisme sont plus particulièrement touchés. Etant donné que la plupart des athlètes de haut niveau utilisent des substances illicites, les sportifs qui hésitaient à le faire jusqu'à présent n'hésitent plus et y ont recours.

Et les contrôles? direz-vous. Il est facile pour un athlète de ne pas se faire attraper. De nombreux sportifs prennent certains produits illicites sans que les laboratoires s'en aperçoivent. Et les laboratoires essaient de trouver des substances que les sportifs ne prennent plus.

L'hypocrisie bat son plein. Il y a d'un côté les produits autorisés et de l'autre les produits dopants. Mais la question que beaucoup de gens se posent est la suivante: quelle est la différence? Les sportifs qui disent ne pas savoir que tel ou tel produit était sur la liste noire mentent. Ils connaissent très bien tous les produits dopants et leurs effets. De plus, les sanctions ne sont pas toujours adaptées et elles sont souvent injustes. Il y a des sanctions différentes pour des sportifs qui ont commis la même faute. Il est inadmissible qu'un nageur ou un cycliste contrôlé positif continue à faire de la compétition et à représenter son pays. Les responsables et les fédérations sportives doivent s'unir et lutter de façon efficace contre le dopage. Il devrait y avoir un organisme international indépendant qui décide des contrôles et des règlements. Et cet organisme devrait avoir des moyens adaptés.

D'autre part, les règlements ne doivent pas être flexibles. Au contraire. Sans règles, le sport n'existe pas.

2 Où se trouvent les informations suivantes? (dans le texte A, ou dans le texte B?)

1 La compétition incite les sportifs à se doper. _____

2 Le dopage a fait son apparition dans les années 60. _____

3 Sans soutien médical, l'entraînement intensif des sportifs est mauvais pour le corps humain. _____

4 Les laboratoires ne détectent pas toujours les substances illicites. _____

5 Le dopage ne représente pas un danger. Au contraire, il aide à maintenir la santé des sportifs. _____

6 Les contrôles anti-dopage ne sont pas toujours très efficaces. _____

7 Tous les sportifs connaissent les différents produits et leurs effets. _____

8 Les sanctions ne sont pas les mêmes pour tous. _____

9 Jusqu'à présent, les tentatives pour bannir le dopage n'ont pas réussi. _____

10 Il faut créer un organisme international indépendant pour lutter contre le dopage. _____

Extra 2 😶

Nom: _____   Classe: _____

Interview de Michelle Giansetto, psychologue, sur la violence à la télévision

1 Ecoutez l'interview autant de fois que vous le désirez et remplissez ce texte à trous qui est un résumé de ce que vous avez entendu.

La violence à la télé est un débat qui existe ___(1)___ longtemps. Le ___(2)___ des émissions que les enfants regardent est très important. Malheureusement, les parents ne sont pas toujours ___(3)___ et certains parents pensent que la télévision est un bon ___(4)___ d'occuper les enfants. Il faut prendre le temps de ___(5)___ avec ses enfants. Bien sûr que la télévision n'est la seule responsable du ___(6)___ agressif de certains enfants. En fait, les enfants qui sont le plus touchés par la violence ___(7)___ sont les enfants qui sont victimes de violence ___(8)___ Cette violence est souvent présente dans les ___(9)___ mais elle est souvent présentée avec ___(10)___ . ___(11)___ dans les ___(12)___ pour adultes la violence est plus ___(13)___ . Les ___(14)___ de la violence sont multiples. Certains jeunes vont avoir tendance à ___(15)___, à ___(16)___ les plus jeunes et les moins forts alors que d'autres vont ___(17)___ craintifs. D'autres encore utilisent la violence pour ___(18)___ leurs problèmes. C'est donc aux parents de décider ce qui convient à leurs enfants en ___(19)___ les émissions qu'ils regardent.

2 Trouvez dans la liste de fins de phrases ci-dessous celle qui termine correctement chaque début de phrase. Attention! Il y a plus de fins de phrase que de débuts. Il n'y a qu'une réponse possible.

Débuts de phrases

1 Le débat sur la violence à la télé   _____

2 Les parents sont très occupés et ils   _____

3 On ne peut pas rendre la télévision   _____

4 L'humour est omniprésent   _____

5 Mais la violence dans les émissions pour adultes   _____

6 Certains jeunes se sentent   _____

7 D'autres se servent de la violence pour   _____

8 Les parents doivent donc décider   _____

Fins de phrases

a est dépeinte avec réalisme.

b des émissions regardées par leur enfant.

c résoudre les problèmes de leurs enfants.

d menacer par tous ces crimes.

e a toujours existé.

f responsable de la violence familiale.

g dans les dessins animés.

h n'ont guère le temps d'écouter leurs enfants.

i menacés par toute cette violence.

j résoudre leurs problèmes.

k responsable de la violence de la société actuelle.

Culture 2

Nom: _____   **Classe:** _____

1   Lisez le texte suivant.

L'accroissement du niveau moyen d'éducation a facilité l'accès à la culture. Les Français sont de plus nombreux à pratiquer la musique ou la peinture, à se rendre aux grandes expositions ou dans les festivals comme celui d'Avignon.

Le Festival d'Avignon est le plus ancien et le plus célèbre festival de France. Il fut fondé en 1947 par Jean Vilar. C'est à l'occasion d'une exposition de peinture et de sculpture contemporaines que Jean Vilar fut convié à présenter l'un de ses succès parisiens: *Meurtre dans la cathédrale* de T.S. Eliot. Habitué des petites scènes, Vilar, dans un premier mouvement refuse car la cour d'honneur du palais lui paraît un lieu trop vaste et 'trop informe'.

Cependant, il fait une autre proposition: présenter trois pièces, quasiment nouvelles pour le public: *Richard II*, un Shakespeare presqu'inconnu à l'époque en France; *Tobie et Sara* de Paul Claudel, enfin la *Terrasse de midi*, deuxième œuvre de Maurice Clavel. Dès le premier Festival, en septembre 1947, le programme propose à la fois des œuvres méconnues du répertoire universel et des textes contemporains.

Si le théâtre en est la discipline reine, la puissance invitante, le Festival s'est élargi à d'autres formes de spectacle et notamment au théâtre musical, à la danse, à la musique contemporaine et même au cirque dans ses évolutions récentes. A certains moments de son histoire, poésie, expositions d'art ou d'histoire du spectacle, cinéma, art vidéo, se sont joints à la programmation. Le Festival ne présente pas, en revanche, de musique ou d'opéra classique, sauf un cycle de musique sacrée, compte tenu de la proximité d'autres grandes manifestations réservées à ces domaines (comme les Chorégies d'Orange ou le Festival d'Art lyrique d'Aix-en-Provence).

Il y a les habitués, les fidèles, voire les 'pèlerins' qui organisent leur séjour à l'avance. Et à l'autre bout de l'échelle des comportements, les 'flâneurs-explorateurs' qui se laissent guider par l'instinct du moment. Le festival est un lieu de formation des spectateurs, un apprentissage.

Pour les professionnels (francais et étrangers), il existe des lieux de rencontre. Avignon est devenu un rendez-vous professionnel incontournable.

a   Voici une liste de mots issus du texte. Pour chaque mot, vous avez le choix entre trois définitions. Choisissez la définition qui convient.

1 accroissement
   a manière de recevoir quelqu'un
   b augmentation
   c le fait de reculer

2 pièce
   a partie du hall du festival
   b est utilisée pour payer
   c ouvrage dramatique

3 méconnues
   a qui ne sont pas connues
   b célèbres
   c différentes

4 apprentissage
   a initiation à quelque chose
   b apprendre à jouer la comédie
   c personne qui est débutante

b   Répondez aux questions suivantes en français en utilisant vos propres mots.

1 Le festival d'Avignon a été créé en quelle année?
2 Pourquoi est-ce qu'au début Vilar a refusé de présenter *Meurtre dans la cathédrale*?
3 Mis à part le théâtre quels spectacles sont offerts au public?
4 A qui s'adresse ce festival?

2   *Faites des recherches ...*

En faisant des recherches sur l'Internet, vous découvrirez plus de 2 100 petits et grands évènements de qualité.

Quelques festivals célèbres ...
- **Le festival de Cannes:** Capitale mondiale de l'art cinématographique, Cannes offre un marché incomparable pour le monde des distributeurs, des producteurs, des réalisateurs et des techniciens. (Site: www.ville-cannes.fr)

- **Le festival de Vaison-la-Romaine:** Ville d'art mais aussi cité chorale européenne, Vaison-la-Romaine est devenue un lieu culturel à part entière. La danse y est accueillie tous les étés ainsi que des chorales. (Site: www.vaison-la-romaine.com)

a   En vous servant de l'Internet, écrivez un paragraphe sur chacun de ces festivals.

b   Surfez le net et choisissez un autre festival. Préparez un exposé de deux minutes que vous ferez devant votre classe.

Grammaire 2

Nom: _____   **Classe:** _____

1 **Remplacez les blancs par l'auxiliaire qui convient.**

Exemple: Hier je me suis réveillée à huit heures.

Hier je me _____ réveillée à 8 heures. Je me _____ douchée et je me _____ habillée. Puis je

_____ descendue à la cuisine et j'_____ pris mon petit-déjeuner. J'_____ mangé des céréales et

j'_____ bu une tasse de café. J'_____ quitté la maison et je _____ allée au collège en vélo. Le soir

j'_____ fait mes devoirs, j'_____ regardé la télé et je _____ sortie avec mes amis. Je _____

rentrée à 9 heures. Je me _____ lavée, je me _____ brossé les dents et je me _____ couchée.

2 **Faites des phrases en utilisant le passé composé.**
Hier   **D'habitude**

Exemple: de la planche à voile.   Je fais du canoë-kayak
Réponse: J'ai fait de la planche à voile.

un sandwich au fromage.   Je mange un sandwich au fromage.
Eastenders.   Je regarde Neighbours.
au tennis.   Je joue au football.
mes cassettes.   J'écoute la radio.
en retard.   J'arrive à l'heure.
à la maison   Je reste à l'école.
de l'avion à 6 heures.   Nous descendons du train à 10 heures.
à 11 heures et demie.   Il se lève à 7 heures.
à minuit.   Ils se couchent à 9 heures et demie.
sa voiture.   Elle vend son appartement.

3 **Mettez le verbe entre parenthèses au passé composé à la forme négative.**

a L'année dernière je _____ _____ les vacances en France. (passer pas)

b Elle _____ _____ (manger rien)

c Hier, Chantal et Nicole _____ _____ . (voir personne)

d Jean _____ _____ chez lui. (rester pas)

4 *Pendant les vacances ...*
   Qu'avez-vous fait pendant les vacances? Ecrivez au moins cinq choses.

5 *Exercice de remue-méninges!*
   **A deux, faites une liste des verbes irréguliers que vous avez rencontrés jusqu'à
   présent et improvisez une histoire: faites une phrase chacun en utilisant autant
   de ces verbes que possible et en utilisant le passé composé.**

   Exemple: avoir. *Pendant les vacances j'ai eu l'occasion d'essayer le surf des neiges ...*

6 **Marie a fait un stage de planche à voile de trois jours. Voici un extrait de son
   journal.**

a **Complétez-le en mettant les verbes au passé composé.**

Lundi: Je (arriver) au lac en retard parce que je (se perdre). Enfin, je le (trouver) et je (décharger) la voiture. Je (faire) tomber la planche et elle (se casser) . Heureusement, le centre m'en (prêter) une autre et (réparer) la mienne. Je (tomber) beaucoup parce que c'était la première fois que j'en faisais.

b **Décrivez les deux journées suivantes:**
   Mardi: Je ...
   Mercredi: Je ...

Départ 3

Nom: _____   **Classe:** _____

Séries ou pas séries?

Etes-vous un fan de séries télé? Les séries télé sont très populaires parmi les jeunes. Lisez ces extraits de lettre et répondez aux questions en français.

1

Moi, je suis fan de Dawson depuis six mois. Ce sont mes copains qui m'ont fait découvrir cette série géniale. Au début, je trouvais l'histoire peu intéressante mais après avoir vu plusieurs épisodes j'ai changé d'avis. Il y est question de jeunes comme nous avec les mêmes problèmes.

Emanuelle

2

Moi j'aime bien Friends parce que cette série détone par son humour et le jeu de ses acteurs. C'est le seul rendez-vous télévisé de la semaine qui détend et qui fait rire, en traitant de tous les thèmes de la vie courante. C'est plus qu'une série pour ados, elle est tout public.

Nicole

3

Je suis un accro des séries télé mais pas n'importe lesquelles. Ce qui me plaît c'est les séries qui font réfléchir sur la société, la science, l'adolescence … et qui montrent de façon réaliste la vie quotidienne au lycée ou à la fac.

Richard

4

J'adore la série française Sous le soleil. Il y a évidemment de l'amour à haute dose mais elle traite aussi de sujets actuels et réels comme la mort, le divorce, l'IVG, la stérilité, le chômage …

Claire

5

Moi, j'ai carrément adoré la série Angela, 15 ans qui passait sur la deux avant les grandes vacances. Je trouve ça dommage qu'ils ne la passent plus car elle abordait vraiment les problèmes des jeunes, que ce soit la drogue ou l'homosexualité et c'est l'un des seuls feuilletons qui parlait vraiment de ces problèmes.

Laurence

Extrait 1
a Depuis combien de temps Emmanuelle est-elle fan de *Dawson*?
b Qui lui a parlé de cette série?
c Que pense-t-elle de cette série? Pourquoi?

Extrait 2
a Pourquoi est-ce que Nicole aime *Friends*?
b A qui s'adresse cette série?

Extrait 3
Et Richard, quelles séries préfère-t-il?

Extrait 4
De quoi parle *Sous le soleil*?

Extrait 5
Pourquoi est ce que Laurence regrette qu'ils ne passent plus *Angela, 15 ans*?

Progression 3a

© Pearson Education 2000

Nom: _____ **Classe:** _____

Liberté = Danger

La télévision se doit d'informer. C'est ce que de nombreuses personnes recherchent. Mais …

Lisez le texte 'Liberté = Danger' et faites les exercices qui suivent.

Les Français veulent être bien informés. Que ce soit par la télévision, les journaux ou la radio. Il existe aujourd'hui en France plus de 2 800 journaux et les kiosques ne désemplissent pas. Les stations de radio et les chaînes de télévision se multiplient, les journalistes font des enquêtes, cherchent, informent sans danger … Mais quels pays connaissent aujourd'hui pareille chance? La liberté de la presse n'existe pas vraiment. Il n'y a que trente nations démocratiques qui honorent ce principe. Dans ces pays, la liberté de la presse est totale: on trouve des journaux de tendances politiques diverses, des radios et des télévisions de genres différents.

Malheureusement, il y a dans le monde une trentaine de pays où la dictature est de rigueur et qui ne croient pas à la liberté de la presse. Et dans le reste du monde, les médias sont étroitement surveillés. Il y a donc des milliards d'individus à travers le monde à qui toute information est refusée.

C'est parce que certains pays décident d'ignorer la liberté de la presse qu'il y a tous les ans des journalistes qui périssent dans l'exercice de leur fonction. Malgré tout, le nombre de journalistes qui meurent en faisant un reportage est en baisse par rapport aux années précédentes. Mais il faut s'inquiéter des conditions dans lesquelles les journalistes sont tués. Ces reporters ne sont pas morts sur un champ de bataille en faisant un reportage sur telle ou telle guerre. Ils ont péri en enquêtant sur des affaires de corruption ou sur des groupes criminels organisés.

De nombreux journalistes finissent aussi en prison. Il y en a plus d'une centaine à l'heure actuelle. Ils attendent sans même avoir été jugés. Les pays coupables: la Chine, l'Ethiopie, la Syrie, la Birmanie et la Turquie parmi tant d'autres.

Parce qu'ils craignent la répression ou parce qu'ils se sentent menacés, de nombreux reporters se voient dans l'obligation de prendre la fuite et de quitter leur pays (comme au Cameroun ou en Sierra Leone). Dans l'espoir de rentrer un jour quand la liberté de la presse existera … Mais en attendant ils sont en exil.

a Dans l'exercice suivant, les noms situés sur la même ligne sont soit masculins, soit féminins. Trouvez l'intrus.

1 journal, télévision, radio, cassette   _____

2 station de radio, chaîne de télévision, kiosque   _____

3 liberté, libération, acquittement   _____

4 pays, nation, terre   _____

5 informations, nouvelles, journal télévisé   _____

6 espoir, espérance, confiance   _____

b Voici une liste de constatations. Lesquelles sont mentionnées dans le texte ci-dessus?
1 Il y a de plus en plus de chaînes de télé.
2 Il existe une organisation qui s'occupe des journalistes emprisonnés.
3 Seulement une trentaine de pays connaissent la liberté de la presse.
4 Le nombre de journalistes qui meurent en travaillant diminue.
5 Une journée internationale de la liberté de la presse va être créée.
6 Des journalistes camerounais ont dû quitter leur pays.

Progression 3b

Nom: _____   **Classe:** _____

1 Lisez la récitation de Stéphanie: «En panne de télé» et écrivez les verbes qui manquent.

Notre télé _____ en panne.

Quelle galère! La télé en panne?

Que _____-on faire?

Mon dieu, mon dieu, qu'_____-on devenir?

On _____ sur le point de passer à table

Sans vraiment _____ l'écran

On _____ à se taire.

Notre télé _____ en panne.

Les nouvelles,

Que nous _____-elles?

Sans doute un meurtre par ci par là

Ou peut-être un attentat.

Sans le _____

On _____ triste.

Notre télé _____ en panne.

La télé en panne, pas d'actualités

Mes parents ne _____ en _____

L'idée, la moindre idée

Ils _____ téléphoner à Didier

Qui _____ la _____

Mais maintenant à leurs voisins, ils _____

Notre télé _____ en panne.

Dans notre HLM

Tout le monde _____ à tout le monde

Les enfants _____ dans l'escalier

Il y _____ un bruit du tonnerre

Les mémés _____

Quel vacarme! dans les escaliers

Notre télé _____ en panne

Tous les copains sont _____

Maman s'est _____ au piano

Sébastien a _____ une harmonica

J'ai _____ mon accordéon

Toute cette joie, toute cette joie

C'_____ beau à voir.

Notre télé _____ en panne

Mon frère _____ faire une promenade

Au clair de lune, il _____

_____, avec Chloé

"Je t'aime"

Lui a-t-il _____

Et ce fut le grand amour.

Notre télé _____ en panne

La télé, qui en a besoin?

Plus de télé, moins d'esclavage

A nos voisins, on _____

Les enfants _____ à _____

On _____ de la musique

Et l'amour _____ dans l'air.

Glossaire

une mémé: a grand-mother

rouspéter: to moan

emprunter: to borrow

allait	était	parlaient	arrivés	est allé	faisait
était	était	était	installée	Se promener	était
était	offraient	pouvait	rouspétaient	était	apprenaient
pouvait	remarquer	réparer	était	est allé	jouer
regarder	pouvaient	causait	emprunté	déclaré	
accepter	s'apprêtait	jouaient	était	attaché	
allaient	était	avait	parlait	était	

2 Résumez la chanson en français en commençant par:
C'était un soir.

Extra 3

© Pearson Education 2000

Nom: _____   **Classe:** _____

La liberté de la presse et Internet

Lisez le texte ci-dessous et répondez aux questions.

Journaliste: A l'époque actuelle, il existe de nouvelles formes d'information (la principale étant Internet) qui échappent à la censure. Alors, Gérard, vous travaillez avec l'organisation Reporters sans frontières. Si je comprends bien, vous avez un site Internet que vous utilisez pour lutter contre la censure.

Gérard: Oui, en effet, comme vous le savez, dans de nombreux pays, la censure sévit et il est pratiquement impossible d'atteindre et d'informer les habitants de ces pays. Grâce à l'Internet (le réseau informatique mondial) et à notre organisation Reporters sans frontières ce n'est plus vraiment le cas. Nous avons le même objectif. L'Internet est l'outil idéal car il s'adresse à un large public et c'est relativement bon marché. Il est maintenant possible de joindre des journalistes qui ont été censurés et avec qui il aurait été impossible d'entrer en contact. De cette façon, nous pouvons mettre le public au courant des atteintes à la liberté de la presse.

Journaliste: Ah, oui! Très intéressant. Et ça se passe comment?

Gérard: Lorsque nous savons que tel ou tel journaliste est emprisonné, nous faisons apparaître des pétitions électroniques sous forme de messages ou de photos.

D'autre part, si nous sommes au courant de tel ou tel problème n'importe où dans le monde nous saisissons l'information interdite, nous la diffusons à l'aide d'Internet et cette information devient alors accessible, peut-être pas dans le pays qui l'a censurée mais dans un autre pays. Au Chili, par exemple, les autorités ont interdit la parution d'un quotidien. Reporters sans frontières a autorisé les journalistes de ce journal à s'exprimer sur leur site Internet. Donc nous travaillons en étroite collaboration avec l'Internet.

Journaliste: Donc, la censure n'existe pratiquement plus?

Gérard: Il est évident qu'il n'est pas possible d'éviter toutes les censures grâce à l'Internet. Tout d'abord cela dépend de l'économie du pays: certains pays, souvent les pays où démocratie ne veut pas dire grand chose, ne possèdent pas suffisamment d'ordinateurs et de systèmes informatiques. En outre, la censure s'exerce aussi sur le réseau Internet et certains gouvernements essaient de contrôler le réseau Internet. Il faut dire que l'Internet est un outil de lutte efficace pour combattre la censure. La presse se diversifie de plus en plus et c'est une bonne chose. L'Internet nous fournit des informations que l'on ne peut trouver ailleurs et je pense que l'Internet a un avenir certain devant lui.

1 **Lisez les définitions suivantes et trouvez dans le texte les mots qui correspondent à ces définitions.**

a examen des publications exigé par les pouvoirs publics avant d'autoriser leur diffusion _____

b outil qui permet d'entrer en communication avec quelqu'un n'importe où dans le monde _____

c forme de gouvernement dans laquelle la souveraineté appartient au peuple _____

d instrument qui permet de faire un travail _____

e opposition violente entre deux adversaires où chacun s'efforce de faire triompher sa cause _____

2 **Ces phrases sont-elles vraies ou fausses? Corrigez les phrases fausses.**

a Reporters sans frontières et l'Internet mènent le même combat. _____

b Le public touché est large. _____

c Les journalistes censurés ne peuvent pas être contactés. _____

d Les journalistes en prison reçoivent souvent des messages. _____

e L'information des pays censurés est interdite sur l'Internet. _____

f Les pays peu démocratiques n'ont pas beaucoup d'ordinateurs. _____

g L'Internet n'est pas très utile pour lutter contre la censure. _____

h Toutes les informations que l'on trouve sur l'Internet se trouvent aussi dans les journaux. _____

Culture 3 📼

Le rap français: l'histoire

1 Lisez le texte suivant et remplissez les blancs avec un des mots de la boîte.

1979	En France, premier ___(1)___ officiel de rap ricain qui devient vite un 'tube' dans ___(2)___ Rares sont ceux qui croient en cette nouvelle musique venu des ghettos noirs ___(3)___
1982	Organisation de block-parties à l'américaine qui réunissent rappeurs, danseurs et ___(4)___ Premières émissions de radio.
1984	Création d'une émission *Hip-Hop* sur TF1 qui deviendra vite culte dans toutes les ___(5)___ de France. En effet, les jeunes banlieusards déjà ___(6)___ de la société se reconnaissent vite dans cette musique créée par leurs homologues américains.
1987	Pour la première fois, un album de *Hip Hop* est produit en France. Les premier rappeurs français *NTM, Assassin, Solaar* … balancent leurs premiers freestyles en direct dans l'émission *Deenastyle*.
1990	Le rap commence à prendre de l'essor.
1992	*Mc Solaar* sort son premier ___(7)___ qui permettra de commencer à intégrer le rap dans le paysage musical francais par ses propos plutôt sages.
1990–1998	De nombreux nouveaux groupes apparaissent pour former la nouvelle école. Mais la première génération est toujours là plus forte que jamais avec *I am, NTM, Assassin, Ministère A.M.E.R.* Le rap (ou du moins sa partie la plus commerciale, la moins réfléchie et ___(8)___ commence à passer sur les radios qui ont sentie le bon filon. Au fil des ans, il est de plus en plus écouté et il supplante petit à petit le rock. Les jeunes rappeurs français se détachent du modèle américain et créent un son et un style bien français pour faire de l'Hexagone la seconde scène rap mondiale.
1997	Sortie de l'excellent 11'30 contre le ___(9)___ réunissant de nombreux rappeurs, *Assassin Akhenaton, Ministère A.M.E.R., Kabal, Fabe*, etc …, du film et de sa *B.O. ma cité va crack-er* (film de J.-F. Richet, censuré à sa sortie par la majorité des cinémas).
2000	Après vingt ans, le rap est plus fort que jamais, et il est sans doute définitivement ancré dans les mœurs de la ___(10)___ au nez et à la barbe des défenseurs de l'ordre moral. On attend maintenant du vrai hip hop pur et dur …

> racisme l'Hexagone banlieues enregistrement jeunesse
> américains album exclus graffiteurs revendicatrice

Interview avec Pit Bacardi: rappeur

2 Pour chacun des mots ou expressions suivants, écrivez une phrase pour donner une explication de ce que Pit nous raconte sur lui et sur sa carrière.

a Pays d'origine

b Début de son intérêt pour le rap

c Début avec *Time Bomb*

d Projets

e Ce qui l'inspire

f Ecriture des morceaux

g Pensées finales

3 Et vous ? Que préférez-vous?

a Surfez sur le net et préparez un exposé de deux minutes sur votre groupe (de rap ou autre) préféré.

b Ecrivez un paragraphe sur la musique que vous préférez. N'oubliez pas d'utiliser toutes les expressions d'opinion que vous avez rencontrées jusqu'à présent.

Grammaire 3

Nom: _____   **Classe:** _____

1 *Les adjectifs*
Remplissez le tableau suivant.

Exemple: triste, triste, tristes, tristes

Masculin	Féminin	Masculin pluriel	Féminin pluriel
impatient			
			tolérantes
travailleur			
		orgueilleux	
bon			
	gentille		
		inquiets	
			jalouses

2 **Traduisez en français.**
   a He went out two hours ago.
   b We bought a television last month.
   c The cinema was very expensive. So we did not buy any popcorn.
   d In the film, the actor was tall and the actress was pretty.
   e When I came in the cinema, it was very dark.
   f It was raining when I came out.
   g When I was younger, I used to go to the cinema every month.

3 *Imparfait ou passé composé?*
Racontez une histoire. Utilisez l'imparfait et le passé composé.

La semaine dernière *aller faire des courses passer deux heures* en ville *rentrer être épuisée s'allonger sur le sofa regarder la télévision y avoir un film génial être l'histoire tragique* d'un jeune couple *il être beau mais juif* le père de la jeune fille *pas vouloir du mariage* la *fin être très triste ils se suicider tous les deux pleurer beaucoup*.

4 *Le passif*
Complétez ces phrases extraites d'articles de journaux et traduisez-les en anglais.

a **Verbes au présent:**

Exemple: il _____ _____ (arrêter) par la police.
Réponse: il est arrêté par la police: He is arrested by the police.

   1 Un gangster _____ _____ (interviewer) par la brigade criminelle.

   2 Les ferrys Douvres/Calais _____ _____ (annuler) à cause de la grève.

   3 La liaison maritime Dieppe/Newhaven _____ _____ (rétablir).

   4 Ce repris de justice _____ bien _____ (connaître) des services de police.

b **Verbes au passé composé:**

Exemple: il _____ _____ (inculper) par la police.
Réponse: il a été inculpé par la police. He was charged by the police.

   1 Une actrice _____ _____ _____ (impliquer) dans cette affaire de drogue.

   2 Des clochards _____ _____ _____ (tuer) hier soir.

   3 Une note _____ _____ _____ (écrire) par la mère de la victime.

   4 De la drogue _____ _____ (vendre) dans les lycées parisiens.

Départ 4

Nom: _____   Classe: _____

Lisez les publicités suivantes et répondez aux questions.

A

Centre équestre: Poneys, chevaux et ânes bâtés pour randonnées en famille attendent les petits et les grands, du débutant au cavalier confirmé, pour une heure d'initiation, une promenade en forêt ou une randonnée en montagne. L'initiation et l'encadrement sont assurés par des moniteurs diplômés et des accompagnateurs expérimentés.

Glossaire:
bâtés with a packsaddle on.

B

Avag Sport Aventure: Sur la Durance, Jean-Marie Alario et son équipe de moniteurs diplômés vous proposent initiation et perfectionnement à la séance, en stages ou en week-end dans toutes les disciplines d'eau vive: kayak, rafting, hydrospeed et canyoning dans un cadre féérique. Pour tous, enfants et adultes, seul ou en groupe, à partir de dix ans. Un seul impératif: savoir nager.

Les tarifs comprennent l'encadrement diplômé, le matériel et les assurances.

C

Le club enfants 'Les petits cabris': Muriel et Véronique accueillent vos enfants de six ans à 14 ans tous les jours (sauf samedi après-midi et dimanche) de neuf heures à 17 heures. Le club propose de multiples activités comme la pratique de l'escalade, les activités nautiques, mais aussi la découverte de la nature avec bivouac, des promenades, des jeux, des kermesses et la participation aux fêtes de village. Et lorsque le temps est capricieux, Muriel et Véronique vous apprennent à confectionner des mobiles ou des cartes fantaisies et beaucoup d'autres objets décoratifs.

1   Laquelle des phrases suivantes s'applique au texte A?
   1   a   Tout le monde peut aller au centre équestre.
       b   Seuls les enfants peuvent aller au centre équestre.

   2   a   Les gens qui commencent l'équitation ne peuvent pas y aller.
       b   Les bons comme les mauvais peuvent y aller.

   3   a   Les guides ont tous de l'expérience.
       b   N'importe qui peut être guide.

   4   a   Il est possible de choisir quatre activités différentes.
       b   Il est possible de choisir trois activités différentes.

2   Lisez le texte B et répondez vrai ou faux.

   1   Jean-Marie est le seul moniteur diplômé d'Avag Sport Aventure.   _____

   2   On peut prendre une seule ou plusieurs leçons.   _____

   3   Ce centre est réservé aux sports de rivière.   _____

   4   L'environnement est merveilleux.   _____

   5   Les conditions: avoir dix ans et ne pas avoir peur.   _____

   6   Il faut avoir son propre matériel.   _____

3   Lisez le texte C et répondez aux questions en français.
   1   Quel âge faut-il avoir pour pouvoir aller au club?
   2   C'est ouvert le week-end?
   3   Quelles activités propose-t-on aux enfants?
   4   Et quand il fait mauvais, que peuvent faire les enfants?

Progression 4a

1 Lisez le texte ci-dessous

Passer des vacances sympas entre copains, tout un art …

Partager une maison au bord de la mer, ça peut être un vrai bonheur ou tourner au cauchemar. De la corvée de balai aux cris des enfants en passant par les courses, quelques trucs pour désamorcer les conflits.

C'est décidé, cette année, vous partez en vacances avec un autre couple et leur fils. A priori, la formule semble ne présenter que des avantages: votre fille aura un camarade pour jouer, votre compagnon un partenaire au tennis et le séjour reviendra moins cher à tout le monde.

On a beau être les meilleurs amis du monde, cohabiter exige des efforts. Souvent ce sont les enfants qui mettent le feu aux poudres. Contrairement aux adultes, les enfants restent spontanés et nature. Ils diront: «Pourquoi on doit aller au lit tout de suite alors qu'eux, ils ont le droit de se coucher plus tard?» Ou encore: «Clémentine, elle peut aller à la piscine toute seule!»

En ce qui concerne les dépenses, pour éviter les disputes, le plus simple, c'est de fixer ensemble le montant des différents postes de dépenses (repas, essence, resto, etc.) avant le départ. Lorsqu'on part en groupe, il faut apprendre à prêter (ses effets personnels), à partager (son shampoing ou sa crème solaire), à tolérer que les enfants des autres engloutissent la réserve de yaourts …

Et le partage des tâches, alors? Tout le monde ne conçoit pas les vacances de la même façon. Pour certains, c'est une pause complète, qui renvoie les tâches domestiques au second plan. Pour d'autres, tout doit fonctionner exactement comme à la maison. Qui plus est, la notion d'ordre, de propreté et le degré de participation à la vie collective diffèrent selon les familles.

Certains profitent des vacances pour jouer les gentils organisateurs, toujours prêts à planifier un pique-nique … D'autres préfèrent se laisser entraîner. Mais croire qu'on va toujours tout faire ensemble est un leurre. Exprimez votre conception des vacances. Si vous avez le sentiment d'être noyé dans le groupe, faites des pauses. Fermez la porte de votre chambre pour bouquiner tranquille, ou proposez de faire les courses. Cet équilibre à trouver entre solitude et vie collective est la clé de la réussite de ce type de vacances.

Même si les vacances sont un peu tendues faut-il, pour autant, renoncer à se lancer? Sûrement pas! Laissez-vous aller, n'encaissez pas en silence. Parlez tout de suite de ce qui ne va pas et présentez les choses comme un problème à résoudre en commun. Après tout, vous pourriez même avoir envie de recommencer l'an prochain!

a Trouvez ces mots ou expressions dans le texte.
turn into a nightmare
to defuse
the stay will cost less
we might be the best friends
who start off a crisis
as far as expenditure is concerned

b Répondez aux questions suivantes en français.
Quels avantages peut-il y avoir à partir en vacances avec des amis?
Y a-t-il des inconvénients? Si oui, quels sont-ils?
Pour éviter les disputes, que conseille l'auteur de l'article?

Progression 4b 😶

Nom: _____   **Classe:** _____

Marie-Claire travaille au syndicat d'initiative de Gap

1   Ecoutez-la et remplissez les blancs.

Dans les Hautes-Alpes on peut dire qu' il y a deux périodes ____(1)____ au niveau du tourisme: la période d'hiver qui ____(2)____ du 15 décembre à peu près jusqu'au 15 mars. Il y a ensuite une deuxième période ____(3)____ qui va donc du premier juillet au 31 août à peu près quoi. C'est deux tourismes ____(4)____ différents avec des populations ____(5)____ différentes.

Le tourisme d'hiver c'est un tourisme qui touche ____(6)____ les stations de ski donc qui est très localisé dans le département. Je veux parler des stations du nord du département. ____(7)____ stations sont localisées dans le nord du département près de Briançon. Il s'agit de Serre-Chevalier et Vars entre autres. Ces stations amènent une clientèle qui vient de la région PACAC:

Provence, Alpes Côte d'Azur, Corse et c'est une clientèle ____(8)____ la clientèle estivale. C'est un tourisme un peu moins populaire que le tourisme estival. C'est un tourisme qui est très concentré sur le week-end et très dépendant de la période scolaire, des vacances scolaires quoi. Ce qui fait la qualité du tourisme dans les Hautes-Alpes au niveau ____(9)____ c'est justement une météo qui est en général excellente. Le soleil est toujours présent et il y a une qualité de neige qui reste ____(10)____ très très bonne par rapport aux stations qui sont plus ____(11)____: les stations des Alpes Maritimes par exemple ____(12)____ en général d'un bon ____(13)____ mais d'une qualité de neige qui est moins intéressante.

2   Reconstituez chacune de ces phrases selon le sens de l'extrait.

a   La période hivernale va du 15

b   La période estivale va du premier

c   La clientèle qui fréquente

d   Le tourisme hivernal se

e   Les stations des Hautes-Alpes

1   les stations de ski a plus d'argent.

2   bénéficient d'un ensoleillement exceptionnel.

3   décembre au 15 mars.

4   juillet au 31 août.

5   concentre le week-end.

Extra 4 🔘

Nom: _____   **Classe:** _____

Ecoutez cet entretien et prenez des notes en complétant les phrases ci-dessous.

Jean-Claude a décidé de changer de métier parce que _____

Il s'intéresse au _____

Les rives du lac de Serre-Ponçon _____

_____

Jean-Claude a l'intention de _____

_____

Dans ces chalets, on pourra accueillir:

    soit _____

    soit _____

L'avantage de ces chalets sera que _____

_____

On développera aussi _____

_____

Une société multi-activités c'est _____

_____

Les activités qui seront offertes iront de _____

en passant par _____

et par _____

Les hommes politiques et les élus locaux sont favorables à ce projet parce que _____

_____

Mais l'administration n'est pas favorable à ce projet à cause _____

A l'heure actuelle, il est difficile d'aménager le bord du lac parce que _____

_____

La loi littorale est une loi qui _____

_____

Il y a beaucoup de contraintes ce qui fait que _____

_____

Il est indispensable de _____

Jean-Claude espère que _____

_____

Culture 4 📟

Nom: _____   **Classe:** _____

Côté tradition

Dans le monde entier, la France est réputée pour sa bonne cuisine. Découvrir une région, c'est s'émerveiller devant des paysages aussi beaux que variés, c'est s'imprégner des traditions locales, et surtout c'est savourer une cuisine authentique et subtile préparée amoureusement par des enfants du pays.

Dans les nombreux restaurants des Hautes-Alpes, vous pourrez déguster une des spécialités régionales: les tourtons du Champsaur.

1 Vous allez entendre une restauratrice vous donner la recette de ces tourtons. Ecrivez dans la case de chaque illustration le numéro de l'instruction qui lui correspond.

2 a Lisez le texte suivant:

Les fruits de la montagne

Dans les Hautes-Alpes, on cultive la tradition de la vigne et des fruits. La vigne prospère sur les coteaux ensoleillés. Dans les plaines, ce sont les vergers. Mirabelles, cerises. pommes et poires poussent même jusqu'à 900 m d'altitude. Les variétés sont nombreuses. Le roi François 1er a découvert la 'poire Gloutte' en passant dans la région. De retour à Paris il oublie le nom mais retient la saveur et le goût de ce fruit qu'il baptise 'poire de Gap'.

Parmi les poires, la Sarteau est excellente pour les confitures, la Martin Sec ne se consomme que cuite et on distille la William. Dès que les poires sont cueillies et arrivent à la distillerie, elles sont broyées et déposées dans les bacs de fermentation. Puis elles disparaissent dans les cuves de l'alambic. Lentement la vapeur traverse le moût et emporte l'alcool dans les circonvolutions des tuyaux de cuivre. Là, s'opère la condensation de l'eau-de-vie, dont le parfum embaume déjà tout l'espace. Le distillateur veille d'un œil attentif à l'équilibre des températures, il règle, augmente ou diminue la pression. L'eau-de-vie de poire William, comme les eaux-de-vie de pomme ou de mirabelle, se déguste avec modération. Mais elle est aussi un précieux ingrédient gastronomique. On l'utilisera habilement pour réaliser des sorbets parfumés ou des fruits givrés, pour corser une salade de fruits frais, pour réussir des génoises et des crèmes pâtissières. Ou, tout simplement, d'une goutte, elle viendra parfumer votre tasse de thé.

Glossaire:
l'alambic: a still (for distillation)

b Répondez aux questions qui suivent en anglais.
1 What fruits are grown in the Hautes-Alpes?
2 What was known as the 'poire de Gap', and why was it called by that name?
3 What are Sarteau and Martin Sec?
4 Name the different stages of distilling.
5 What is the role of the distiller?
6 List the different uses of 'eau-de-vie'.

3 *Le saviez-vous ...*
La 'nouvelle cuisine' vient du Japon. Il y a environ 30 ans des chefs japonais sont venus en France afin d'apprendre nos techniques et y ont apporté en même temps leur propre style. Le résultat de cette rencontre a donné naissance à ce que l'on appelle la 'nouvelle cuisine'.
Paul Bocuse

Surfez sur le net et faites un exposé de deux minutes sur:
a la nouvelle cuisine
b Paul Bocuse

Grammaire 4

Nom: _____   **Classe:** _____

1 Le conditionnel

a Que feriez-vous si ...

Exemple: vous gagniez à la loterie.
Réponse: *Si je gagnais à la loterie, je ferais le tour du monde.*

1 vous ne gagniez que 50 francs par semaine?   _____

2 vous pouviez choisir des vacances de rêve?   _____

3 vous aviez la possibilité de vivre n'importe où dans le monde?   _____

4 il était possible de rencontrer une personnalité?   _____

5 vous deviez changer quelque chose à votre ville?   _____

6 vous ne deviez faire qu'un sport?   _____

7 vous échouiez au bac?   _____

8 vous aviez l'occasion de changer un règlement dans votre école?   _____

b Ecrivez les verbes entre parenthèses soit à l'imparfait soit au conditionnel.

Exemple: S'il _____ beau, je _____ faire une excursion. (faire, partir)
           S'il faisait beau, je partirais faire une excursion.

1 Si j' _____ en forme, je _____ l'ascension du mont Blanc. (être, faire)

2 S'il _____ de faire du ski, il n'_____ pas le même entrain. (arrêter, avoir)

3 Si on _____ de partir en vacances de neige, on _____ s'y prendre à l'avance. (choisir, devoir)

4 Si vous _____ des problèmes de matériel, je vous en _____ volontiers. (avoir, prêter)

5 Si elles _____ de partir faire du surf, j'_____ avec elles. (décider, aller)

6 Si tu _____ de bonne heure, tu _____ partir avec eux. (se lever, pouvoir)

2 Recopiez et complétez ces phrases avec le verbe au temps qui convient.

1 Cet été je m'(adonner) à mon sport préféré: le VTT.

2 L'année dernière, il (y avoir) une avalanche qui (faire) plusieurs morts.

3 Quand je (être) petit je (rêver) d'être guide de haute montagne mais maintenant je pense que je (travailler) à l'office de tourisme.

4 Hier, nous (faire) une randonnée quand un gros orage (éclater).

5 Un alpiniste (dévisser) et (se tuer) sur le coup.

6 S'il y (avoir) plus de contrôle sur les pistes, il y (avoir) moins de risques d'avalanches.

7 Autrefois les villageois (faire) leur pain.

8 Dans une semaine, je (aller) découvrir le Queyras avec des amis.

9 Le Queyras (être) la plus haute vallée des Hautes-Alpes.

10 Il y a deux ans, je me (amuser) car je (pouvoir) me reposer dans un site remarquable.

Départ 5

Nom: _____ **Classe:** _____

L'école Fosse Cornue

Lisez cette description de l'école primaire à Moissy-Cramayel en France:

L'école Fosse Cornue <u>se trouve</u> à Moissy-Cramayel dans la région parisienne, <u>plus précisément</u> à 35 km au sud-est de Paris dans le département de Seine-et-Marne (77).

La Fosse Cornue, <u>c'est d'abord</u> une école publique et gratuite.

<u>Il y a</u> l'école maternelle (quatre classes) et l'école élémentaire (dix classes).

A Moissy, <u>nous travaillons</u> le mercredi matin.

Lundi, mardi, jeudi et vendredi de 8 h 30 à 12 h et de 14 h à 16 h 30,

mercredi de 8 h 30 à 11 h 30

<u>C'est ensuite une école qui</u> évolue, qui bouge!

<u>Cette école</u> a beaucoup de classes, des toilettes, deux salles polyvalentes, une mezzanine, une salle informatique, une B.C.D. avec un ordinateur multimédia et Internet.

<u>Il y a aussi</u> une cantine <u>et surtout</u> une grande cour avec deux bacs à sable, un plateau E.P.S. avec des paniers de basket et des cages de foot, un terrain pour jouer au base-ball et un gymnase juste en face. Des tonnes de sports <u>à sa portée</u>!

Cédric B. et Benjamin V.

a Faites des recherches de vocabulaire pour avoir une liste complète des installations dans une école. Complétez la grille en ajoutant des idées à vous!

français	anglais	français	anglais
une cantine			staffroom
une cour			running track
une salle polyvalente			cookery room
une cage de foot			art room
un gymnase			workshop
un bac à sable			office
un terrain			storeroom
un plateau EPS			hall
une BCD			entrance / foyer / reception
une salle informatique			corridors
			kitchen
			changing rooms

b Préparez une description de votre lycée. Vous devez utiliser toutes les expressions qui sont soulignées dans le texte ci-dessus et autant des mots de la grille que possible.

Progression 5a 📼

Nom: _____   Classe: _____

1 *Stressé(e)? Moi! Tu plaisantes!*

Amphithéâtres surchargés et bruyants, transports longs et fatigants, pression due aux examens, incertitude face à l'avenir, déracinement, solitude, problèmes de logement ou d'argent: les étudiants ont des raisons d'être stressés.

Lisez ce test et, avant de le faire vous-même, trouvez les équivalents à ces phrases dans le texte:

Exemple: **1** = *vos profs vous ont dans le nez*

1 Vous n'êtes pas très apprécié(e) par les enseignants.

2 Vous avez tout oublié, et ce n'est pas la première fois!

3 Vous avez parfois très mal à la tête.

4 Vous ne dormez pas facilement.

5 Vous mangez énormément de sucreries.

6 Vous transpirez.

7 Vous vous inquiétez pour rien.

8 Votre cœur bat trop fort et trop rapidement.

9 Vous n'avez pas beaucoup de patience en famille.

10 Vous n'avez pas de force pour faire les activités quotidiennes.

Décidez «oui» ou «non» pour chaque situation proposée:

> **1** Vos parents ont à peine ouvert la bouche que vous levez déjà les yeux au ciel. Allez, mauvaise foi mise à part, avouez que vous êtes irritable.
>
> **2** Vous en êtes persuadé(e): vos profs vous ont dans le nez. Vous vous sentez un brin persécuté(e).
>
> **3** Impossible de vous rappeler la formule du trichloracétique que vous avez pourtant ressassée quinze fois hier soir (et même un petit peu ce matin). Encore un trou de mémoire. Ça vous arrive souvent?
>
> **4** Vous avez des problèmes pour vous endormir. Votre sommeil est agité. Il vous arrive de vous réveiller sans raison au beau milieu de la nuit?
>
> **5** Vous n'êtes pas à la piscine en train de poser des regards langoureux sur vos congénères de l'autre sexe, mais votre cœur a tendance à s'emballer. Vous avez des palpitations?
>
> **6** Les choses normales de la vie (sortir avec des copains, aller au supermarché) vous font anormalement peur. Vous ne vous sentez pas à la hauteur?
>
> **7** Vous avez les mains moites avant de prendre la parole en public et / ou un nœud dans l'estomac avant les examens?
>
> **8** Il vous arrive d'être sujet(te) à des maux de tête soudains et / ou vous ressentez des douleurs dans le dos ou le thorax, sans pour autant sortir d'un concert de Sepultura ou revenir de trois heures de karaté?
>
> **9** Votre consommation de chocolat, de biscuits ou de café a fortement augmenté. Vous cherchez dans le frigo sans raison ou, au contraire, plus rien ne vous fait envie. Bref, vous êtes soumis à des troubles de l'appétit?
>
> **10** Les petits oiseaux chantent, le soleil brille et votre grand-mère vous a récemment glissé un billet de cent francs dans la poche. Pourtant, vous vous sentez oppressé(e) ou anxieux(se) sans réelle raison?

2 *... les résultats!*

a **Ayant compté vos points, écoutez les résultats pour décider si vous êtes stressé(e) ou pas! Comparez les résultats avec ceux de votre partenaire**

b **Faites un reportage à la classe sur le niveau de stress de votre partenaire. Utilisez les résultats du test pour vous aider. Donnez des conseils à la fin pour baisser (au augmenter!) le niveau de ce stress.**

Progression 5b

Nom: _____   **Classe:** _____

a *La question du logement*
Trouver un logement convenable, confortable, pas trop cher et pas trop loin de là où l'on fait ses études est une grande préoccupation pour les étudiants. Ecoutez cet extrait d'une émission de radio sur ce sujet et remplissez les blancs dans le texte ci-dessous. Attention! Vous devez surtout noter des chiffres et des statistiques.

Il faut s'y prendre dès le printemps. Ils possèdent beaucoup de chambres (même s'ils sont rapidement complets), ce n'est pas une solution très économique. Comptez ainsi ____(1)____. La recommandation d'un ancien locataire peut en la matière être utile. Les règles sont assez strictes. Les visites sont réglementées (____(2)____ pas d'invités), on ne mélange pas les filles et les garçons, bref, si vous êtes un habitué des fêtes nocturnes ou si vous tenez absolument à amener votre petit copain, allez voir ailleurs!

Les petites annonces

C'est la méthode classique. Elle vous oblige à vous lever tôt le matin, car les bonnes affaires partent les premières. A Paris, certains kiosques – sur les Champs-Elysées notamment –, ouvrent ____(3)____. La plupart des journaux publient des petites annonces de location, mais il faut savoir que ____(4)____ de ces annonces proviennent d'agences immobilières.

Les agences

Vous en trouverez toujours une au coin de la rue! Avantage: elles disposent d'une offre ____(5)____, notamment lorsqu'elles sont organisées en réseau. Inconvénient: elles prennent ____(6)____ qui tournent autour de ____(7)____.

Les résidences étudiantes

Les investisseurs s'intéressent de plus en plus au logement étudiant: ____(8)____ , les résidences étudiantes fleurissent dans les villes universitaires. Attention, c'est du grand luxe! ____(9)____ suréquipées et nombreux services (buanderie, salle de sports, restaurant, etc.), elles fonctionnent comme de véritables hôtels. Evidemment, les loyers sont à la mesure du confort, c'est-à-dire … chers!

b **Prenez cinq expressions parmi celles que vous avez trouvées pour compléter le texte et créez une nouvelle phrase pour montrer comment l'utiliser. Essayez de rester dans le domaine de la vie des étudiants.**

Exemple: la majorité
La majorité des étudiants s'inquiètent de ne pas trouver de logement.

_____

_____

_____

_____

_____

_____

_____

_____

_____

_____

_____

_____

_____

Extra 5

Nom: _____ **Classe:** _____

Travailler dans le multimédia

Lisez ce texte, écrit par Luc qui travaille dans le multimédia.

Travailler dans le développement multimédia, c'est un peu comme <u>réaliser</u> un film. Il faut <u>faire</u> en sorte que le son, les images, la musique ou les effets spéciaux se mélangent harmonieusement, au bon moment, et qu'ils ne <u>être</u> pas trop «gourmands» en mémoire. Dans l'élaboration d'un CD-Rom ou d'un site Internet, mon rôle est d'abord de collecter les différents ingrédients (dessins des graphistes, sons et images vidéo …). J'en <u>construire</u> l'arborescence (l'architecture, en informatique) d'après le cahier des charges dressé par la société qui passe la commande. Puis j'assemble tous les programmes informatiques entre eux. En somme, je traduis en une suite logique tout ce que les différents auteurs, illustrateurs … ont dans la tête. J'ai ainsi <u>développer</u> le CD-Rom du *Petit Prince* et de *Robinson Crusoë* pour une grande maison d'édition, et des dizaines de sites web.

Parfois, les artistes qui contribuent à un projet ne se rendent pas compte que ce qu'ils créent sera trop «lourd» lorsque nous le traduirons en fichiers.

Par exemple, un écran d'ordinateur ne peut <u>afficher</u> que 256 couleurs; un petit bonhomme qui vit tout seul, c'est 30 secondes à dessiner, mais six mois à <u>programmer</u>; un bruit de balle, c'est un gros fichier son qui risque de retarder l'apparition à l'écran de l'arme dont elle provient, etc. Pour pouvoir remettre ces créatifs dans le droit chemin, il est utile de comprendre leur façon de <u>penser.</u> A côté des connaissances techniques (langage de programmation HTML, Java …) il faut un peu de connaissances artistiques, car il faut penser à la façon dont l'utilisateur percevra les messages devant son écran.

Enfin, il faut savoir que le métier de développeur multimédia est un métier qui s'exerce par projet. Tous les quatre ou six mois, on change de mission, donc d'entreprise … voire de pays. Le multimédia est un domaine qui demande d'être nomade. Cela explique que beaucoup de mes confrères l'exercent en indépendants.

a **Certains verbes à l'infinitif dans le texte doivent être formés. Regardez tous ceux qui sont à l'infinitif et décidez s'il faut les changer ou pas.**

b **Expliquez en 100 mots le travail de Luc.**

c *Le Petit Prince* … **qu'est-ce que c'est?**

Utilisez un moteur de recherche comme www.yahoo.fr/ et faites des recherches. Vous devez présenter ce que vous avez trouvé à la classe.

Culture 5

© Pearson Education 2000

Nom: _____ **Classe:** _____

Les poèmes de Prévert

Lisez ce poème de Prévert de la collection *Paroles*:

Page d'écriture

Deux et deux quatre
quatre et quatre huit
huit et huit font seize …
Répétez! dit le maître
Deux et deux quatre
quatre et quatre huit
huit et huit font seize.
Mais voilà l'oiseau-lyre
qui passe dans le ciel
l'enfant le voit
l'enfant l'entend
l'enfant l'appelle:
Sauve-moi
joue avec moi
oiseau!
Alors l'oiseau descend
et joue avec l'enfant
Deux et deux quatre …
Répétez! dit le maître
et l'enfant joue
l'oiseau joue avec lui …
Quatre et quatre huit
huit et huit font seize
et seize et seize qu'est-ce qu'ils font?
Ils ne font rien seize et seize

et surtout pas trente-deux
de toute façon
et ils s'en vont.
Et l'enfant a caché l'oiseau
dans son pupitre
et tous les enfants
entendent sa chanson
et tous les enfants
entendent la musique
et huit et huit à leur tour s'en vont
et quatre et quatre et deux et deux
à leur tour fichent le camp
et un et un ne font ni une ni deux
un à un ne font ni s'en vont également.
Et l'oiseau-lyre joue
et l'enfant chante
et le professeur crie:
Quand vous aurez fini de faire le pitre!
Mais tous les autres enfants écoutent de la musique
et les murs de la classe
s'écroulent tranquillement.
Et les vitres redeviennent sable
l'encre redevient eau
les pupitres redeviennent arbres
la craie redevient falaise
le porte-plume redevient oiseau.

a Faites des recherches de vocabulaire.

Parmi les thèmes ci-dessous, lesquels se retrouvent dans *Page d'écriture*?

1 L'inutilité de l'éducation formelle ☐

2 La beauté de l'innocence ☐

3 La liberté des jeunes ☐

4 L'horreur des institutions ☐

5 Les relations adulte / enfant ☐

6 Les relations parent / enfant ☐

7 La simplicité de la nature ☐

8 Les grands moments de la vie ☐

9 L'amour ☐

10 La puissance de la nature ☐

b Discutez les thèmes du poème et votre réaction en utilisant les expressions suivantes et les thèmes ci-dessus:

Le poème parle de …
Le poète veut montrer que …
Pour moi, la phrase la plus importante du poème et …
Ce que j'aime surtout est …
Je suis impressioné(e) par …

c Etes-vous prêts à découvrir Prévert? Demandez à votre professeur!

Grammaire 5

Nom: _____ **Classe:** _____

1 *L'impératif*

Transformez ces questions / suggestions en instructions en utilisant l'impératif (de la personne indiquée – tu / vous)

Exemple: **1** = *Vas au cinéma!*

1 Si on allait au cinéma? (tu) _____

2 Veux-tu passer nous voir? (tu) _____

3 Il faut faire la vaisselle. (tu) _____

4 Pourquoi ne pas lui faire un cadeau? (vous) _____

5 Pouvez-vous vous taire? (vous) _____

6 Il ne faut pas être trop timide. (tu) _____

7 Si on l'appelait? (tu) _____

8 Tu vas faire tes devoirs, n'est-ce pas? (tu) _____

9 Vous n'allez pas lui parler comme ça? (vous) _____

2 *Le subjonctif*

Essayez de créer quinze phrases correctes en utilisant les débuts et les fins proposés ci-dessous. Traduisez-les en anglais:

Débuts:
- Il faut …
- Il faut que …
- Il est nécessaire de …
- Il est nécessaire que …
- Je regrette que
- Il est temps que
- Il n'est pas certain que

Fins:
- alléger le programme dans nos lycées.
- les lycées commencent à penser à la réforme.
- faire quelque chose contre la drogue dans les lycées.
- les profs fassent plus pour les élèves démotivés.
- renforcer la répression de la violence dans les collèges et les lycées.
- le gouvernement prenne des mesures contre les élèves violents.
- considérer l'autre aspect de cette question.
- l'on prenne un moment de réflexion.
- dire que ce problème est très grave.
- le système change.
- changer le système scolaire.
- beaucoup de jeunes de ma connaissance se droguent.
- nous fassions quelque chose pour les profs menacés en classe.
- les lycées deviennent plus ouverts aux élèves en difficulté.
- les hommes politiques commencent à écouter les jeunes sur ce sujet.

Départ 6

Nom: _____   Classe: _____

Egalité ou pas égalité?

Plusieurs enquêtes le montrent. Les filles réussissent mieux dans les études que les garçons. Pourtant ce sont les garçons qui ont les meilleurs postes. A qui la faute? Qu'en pensez-vous?

Lisez ces extraits de lettre et répondez aux questions en français.

1 Je pense que l'égalité est faite au lycée et que les mecs (à part quelques machos inévitables ...) nous considèrent comme égales à eux-mêmes. C'est après dans la société qui travaille que le problème, selon moi, atteint son apogée. De plus je remarquerai que la langue française, avec le masculin qui l'emporte, n'arrange rien!   Inès

2 Dire que les mecs sont supérieurs aux nanas dans tous les domaines, c'est vraiment scandaleux! Je suis d'accord pour dire qu'à la base, il y a une inégalité physique. Mais c'est sur cette inégalité qu'on a construit toutes les autres. Qui domine les hautes sphères de la société? Les hommes!!! Il n'y a qu'à voir: dans les pays où les études de droit sont élitistes, il y a très peu de filles. En France, c'est les sciences qui sont les plus prestigieuses. Et combien trouve-t-on de filles en école d'ingénieurs? 10%. Bravo, les mecs!   Amélie

3 Une chose me fait rire, c'est que les femmes croient toujours pouvoir faire plus que leurs capacités réelles sans vraiment se rendre compte des difficultés. J'ai aussi constaté que beaucoup de filles ont un complexe d'infériorité par rapport à l'homme et c'est pas toujours fondé.   David

4 Les femmes ne peuvent pas faire le travail des hommes parce qu'elles n'ont ni le talent ni la force. Les femmes devraient rester au foyer et s'occuper de leurs enfants.

          Aurélien

5 Si les filles réussissent mieux que les garçons, c'est tout simplement une question de maturité. Elles voient la vie différemment. Elles sont plus sensibles et réfléchissent sur tout ce qu'elles font. En revanche, les garçons sont plus superficiels. Cette attitude reflète leur manque de maturité.   Daphné

Extrait 1

a   Que se passe-t-il au lycée? _____

b   Quand commence l'inégalité? _____

c   Quel est le problème de la langue française? _____

Extrait 2

a   Pourquoi est-ce qu'Amélie est scandalisée? _____

b   Qui retrouve-t-on dans toutes les filières élitistes?_____

Extrait 3

Qu'est-ce que David pense des capacités féminines? _____

Extrait 4

Quelle attitude a Aurélien vis-à-vis de l'égalité? Qu'en pensez-vous?_____

Extrait 5

Selon Daphné, quelles différences y a-t-il entre les filles et les garçons? _____

Progression 6a 📼

Nom: _____   **Classe:** _____

Ecoutez les appels de deux associations caritatives et remplissez les blancs.

a

> **Le Secours catholique recherche des jeunes** _____(1)
>
> Plus de 18 ans, _____(2), aimant le contact
>
> _____(3): voici le profil des jeunes bénévoles que recherche le
>
> Secours catholique. A chaque fois, c'est une mission différente qui vous
>
> _____(4), avec un point commun: essayer de créer un véritable
>
> échange, de susciter la _____(5). Au programme, du
>
> _____(6) scolaire, des visites de Paris pour redonner aux enfants
>
> _____(7) le goût de la culture et de l'école. A chaque fois, une seule
>
> _____(8), la régularité. Auprès des personnes
>
> _____(9), c'est la disponibilité et l'ouverture d'esprit qui sont
>
> _____(10). Il est également essentiel de rendre les personnes actrices
>
> de leur propre vie, de les _____(11). Tout un travail humain qui ne
>
> demande pas tant du temps (environ deux heures par semaine) que de la régularité et de la
>
> _____(12) d'aider, d'accompagner les personnes
>
> _____(13).

b

> **Les Restos du cœur ont** _____**(1) de vous.**
>
> Les Restos sont une organisation _____(2) agréée qui depuis 1985
>
> apporte une aide _____(3) aux personnes
>
> _____(4), sous la forme de repas (sept par personne et par semaine
>
> l'hiver) à préparer chez soi: repas _____(5) et variés du type: pâtes,
>
> steak hâché, fromage, fruit. Ces denrées sont _____(6) par
>
> l'Association nationale dans les départements. Nous avons besoin de vous pour les
>
> _____(7), les _____(8) et les
>
> _____(9) dans les centres de distribution où elles seront offertes aux
>
> personnes _____(10).

Progression 6b

Nom: _____ **Classe:** _____

1 Lisez bien le texte ci-dessous et essayez de mémoriser les points principaux.

«Stop la violence»

Lundi soir, un lycéen de la Seine-Saint-Denis a trouvé la mort et des lycéens qui fréquentaient son lycée ont lancé un appel «Stop la violence». D'autre part, enseignants et élèves de la Seine-Saint-Denis ont manifesté contre la violence dans les établissements scolaires de leur département. Les jeunes de ce département de la région parisienne sont scandalisés par le décès d'un des leurs et s'inquiètent de l'augmentation de la violence urbaine.

Didier (19 ans) a été assassiné devant l'Odéon, le cinéma de son quartier. Son meurtre a fait suite à une altercation entre bandes rivales. Le jeune lycéen a reçu un coup de batte de base-ball derrière la tête alors qu'il tentait de séparer deux jeunes qui se battaient. Deux jours plus tard, les habitants de la ville dont Didier était originaire sont tellement émus qu'ils lancent une campagne anti-violence. Tout le monde parle de bagarre sauvage et les médias racontent cet évènement et montrent la police du doigt car elle n'a toujours pas attrappé les coupables. La télévision organise même des tables rondes et des débats sont ouverts. Des jeunes de tous horizons et de milieux différents sont ainsi réunis et ils font tous part du dégoût que la majorité d'entre eux éprouvent. Ils parlent de leur peur de circuler dans certains quartiers, de la violence à l'école, du racket, et de la nécessité d'être armé au cas où ... Ils demandent de l'aide, l'aide des adultes pour que cela s'arrête.

Les copains de Didier décident alors d'écrire un manifeste pour enregistrer leur colère et montrer leur désir d'agir. Des jeunes de Noisy-le-Grand, Noisy-le-Sec et Gournay se joignent à eux. Ils appellent tous les jeunes banlieusards et jeunes des cités à se réunir que ce soit dans leur établissement, leur fac ou leur association de quartier pour discuter et essayer de trouver des solutions à ces problèmes de violence. Le manifeste qui s'intitule «Stop la violence» connaît tout de suite un énorme succès.

Et dans de nombreuses autres villes françaises, des actions similaires sont mises sur pied dans l'espoir de donner la parole aux jeunes et de trouver des solutions.

2 Cachez maintenant l'article et réécrivez le résumé ci-dessous en corrigeant les erreurs.

Stéphane a été blessé le 14 février devant la gare. Il a été blessé d'un coup de revolver. Il a été victime d'une attaque raciste. Les habitants de son village n'ont réagi qu'au bout d'une semaine et la presse n'a pratiquement pas parlé de l'évènement. Les copains de Stéphane ont décidé de faire quelque chose et ils ont été invités à la radio pour exprimer leur sentiment. Ils disent qu'ils ont toujours une batte de base-ball sur eux pour se défendre. Les jeunes de Seine-Saint-Denis rédigent un manifeste intitulé: «Stop aux assassins». Ce manifeste a eu très peu de succès.

Extra 6

Nom: _____   Classe: _____

Complétez l'article ci-dessous avec les mots qui conviennent.

Violences urbaines: Comment Tourcoing a gagné

Face à la (progression / accroissement / augmentation) vertigineuse de la criminalité dans une ville que la crise de l'industrie textile a laissée sur le carreau, le maire de Tourcoing signe l'un des premiers plans locaux de sécurité en France. Il crée des cellules de veille et des lutte (malgré / selon / contre) la délinquance, (avoue / promet / admet) un traitement individualisé des doléances des habitants, accueille une soixantaine de policiers supplémentaires. Pour couronner le tout, un dispositif de vidéosurveillance est (fixé / installé / construit) dans le centre-ville.

Les résultats sont là. La délinquance a (tombée / descendue / chuté) de 40%. Tourcoing se situe, désormais, dans la (niveau / moyenne nationale). A Tourcoing, aujourd'hui, le nombre de képis par habitant est plutôt moins élevé qu'ailleurs, la sévérité des magistrats, banalement conforme à la moyenne nationale.

Le décor est (celui / celle) d'une cité ouvrière du Nord de la France: petits (meubles / immeubles) de brique, usines désaffectées, puits de charbon condamnés. Avec ses 95 000 habitants, dont la moitié ont moins de 20 ans, un (niveau / taux) de chômage qui frôle les 20%, sa petite-bourgeoisie recroquevillée dans les ruelles coquettes du centre-ville et ses enfants perdus de la crise et de l'immigration qui marchent par paquets de dix, Tourcoing fait partie des villes à problèmes. Avec en prime, une spécificité locale: la frontière belge, qui jouxte les quartiers les plus sensibles et autorise tous les trafics, celui de la drogue, en particulier.

Derrière ses murs de brique, sous ses habits provinciaux – les 'tours' n'excèdent pas huit étages – Tourcoing (a / comprend / reçoit) les mêmes angoisses, les mêmes démons que les cités-dortoirs de Vaulx-en-Velin ou de Mantes-la-Jolie. Les flics n'y sont pas tous charitables, les jeunes ne sont ni pires ni meilleurs qu'(partout / ailleurs / avant).

Salle d'entraînement du club de lutte de Tourcoing, 20 heures. Ici, trois soirs par semaine, une quarantaine de jeunes de 14 à 18 ans (s'entraînent / s'adonnent / jouent) pour devenir champions. Beaucoup sont d'origine maghrébine. Pourquoi la lutte, un sport ingrat, sous-payé, jamais télévisé? Parce que leur copain Rachid est (devenu / élu) champion de France. Parce qu'à l'école et dans la vie, tout marche de travers, mais pas ici. Tous racontent, avec leurs mots, la même histoire. Le racisme, le chômage, la désespérance. Quand il était petit, Djamel voulait devenir reporter. Plus tard ce fut pompier. Finalement, à 18 ans, il est prêt à prendre tout ce qui passe. Il a déjà été plusieurs fois vigile, à la sortie d'une boîte de nuit. 'J'y allais un peu pour me venger, dit-il, pour casser du Blanc. De toutes façons, nous, les Arabes, on ne risque pas de foutre le bordel à l'intérieur, vu qu'on ne nous laisse jamais rentrer'.

Glossaire:
un vigile: a bouncer
foutre le bordel: to create havoc

Culture 6

Nom: _____   **Classe:** _____

Le langage des signes

Jean-Michel Basquiat ou l'épopée du SDF devenu star …

1   Lisez le texte suivant et répondez aux questions qui le suivent.

Dans les années 80, le monde découvrait le mouvement hip-hop, le rap, les graffiti, Keith Haring et Jean-Michel Basquiat, ces taggeurs qui griffaient les murs de New York et avait fini par être accrochés dans les galeries les plus huppées. Mais depuis, Keith Haring est mort du sida, le rap a été récupéré par la publicité. Depuis 1981, Jean-Michel Basquiat a réussi à passer de l'anonymat à la gloire, à être le premier Noir admis dans le marché de l'art, à mourir d'une overdose à l'âge de 27 ans en 1988 et à renaître dans une biographie cinématographique.

Né en 1960, d'une mère portoricaine et d'un père haïtien, Basquiat quittera définitivement sa famille de la moyenne bourgeoisie aisée en 1978, après quelques fugues et un renvoi de l'école spécialisée pour jeunes particulièrement doués qu'il fréquentait. Il arpente les rues de New York. Au gré de son inspiration et de sa fantaisie, il dépose quelques graffitis sur les murs et les portes de la ville. Il fait passer dans son corps toutes les hallucinations urbaines, la drogue … La nuit, il dort dans un parc, à l'abri sous un grand carton. Pour vivre, il réalise des cartes postales et peint des tee-shirts. C'est ainsi qu'il finira par rencontrer des artistes et des critiques d'art qui l'introduiront sur la scène de l'East Village. A première vue, c'est un marginal parmi d'autres. Sauf qu'il a de l'or dans les mains.

Porter à l'écran la vie d'un artiste n'est pas chose aisée – Julian Schnabel, artiste peintre lui-même qui a exposé avec Basquiat, s'en tire honorablement bien.

a   Ces affirmations sont-elles vraies oui fausses? Corrigez celles qui sont fausses.
   a Jean-Michel Basquiat était peintre.
   b Il est mort du sida.
   c Il avait 28 ans.
   d Il venait d'une bonne famille.
   e Quand il quitte sa famille, il devient SDF.

b   Complétez les trous du résumé du texte en utilisant les mots de la boîte.
Jean-Michel Basquiat est devenu ___(1)___ dans les années 80. En même temps que ___(2)___, le rap et le hip hop ___(3)___. Il était noir et il se ___(4)___ Il appartenait à une famille ___(5)___ Il s'est fait ___(6)___ de son école et il est ___(7)___ de chez lui. Ses graffitis ont pour thèmes la ___(8)___, la drogue... Les cartes postales et les tee shirts sont ses moyens ___(9)___ Julien Schnabel qui ___(10)___ très bien Basquiat a réalisé un film consacré à sa vie.

> parti   célèbre   connaissait   renvoyer   ville   lui
> droguait   d'existence   apparaissaient   bourgeoise

2   En travaillant seul(e) ou à deux et en vous servant de l'Internet, choisissez un peintre du XXᵉ siècle et trouvez tout ce que vous pouvez à son sujet. Préparez ensuite un exposé. Essayez de parler spontanément et n'utilisez que quelques notes. Voici quelques idées qui pourront vous aider.

- Quelques détails sur sa vie:
  Date et lieu de naissance
  Influences
  Lieux de travail
- Les thèmes de sa peinture
- Commentaires sur une œuvre ou deux
- Les raisons de votre choix et ce qui vous intéresse chez ce peintre

Grammaire 6

Nom: _____   **Classe:** _____

1 Remplissez les blancs soit avec 'qui' soit avec 'que' ou 'qu''.

a Tout a commencé après un accident de voiture _____ a coûté la vie à un jeune du quartier.

b Ce quartier est connu pour son marché _____ attire de nombreux étudiants sans le sou.

c Les sanctions _____ ils proposent sont inadéquates.

d Les menaces _____ certains profs reçoivent sont bien réelles.

e Des équipes mobiles vont à la rencontre de ceux _____ ne peuvent plus bouger ou _____ ont décidé de vivre dans la rue.

2 Remplissez les blancs avec 'celui', 'celle', 'ceux' ou 'celles'.

a Le salaire moyen des femmes reste inférieur de 25% à _____ des hommes.

b Il y a des centres d'accueil pour _____ qui le désirent.

c Les années 60 sont _____ de l'immigration maghrébine.

d Le quartier de Paris où j'habite est _____ où il y a le plus de SDF.

e L'organisation qui les aide est _____ de sa ville.

3 Mettez ces verbes au plus-que-parfait.

a J'_____ _____ (travailler) dans cette organisation.

b Il _____ _____ (choisir) sa voie.

c Ils _____ _____ (ne jamais partir) en vacances.

d Elle _____ beaucoup _____ (errer) dans les rues de Paris.

e La police _____ _____ (se tromper) de suspect.

f Ce SDF _____ déjà trop _____ (boire).

4 Traduisez ces phrases en français.

a Here is the letter that I received yesterday. _____

b I realised that I had forgotten to ask the question. _____

c Here is the homeless person I saw yesterday. _____

d I had gone out when this happened. _____

e This organisation is the one I support. _____

f The article which I read says that there are more and more homeless people. _____

_____

g He had never slept outside. _____